U0552357

如果历史是一座公园

(第三卷)

[德]马克斯·克鲁泽 著
何珊 郭颖杰 译

图书在版编目（CIP）数据

如果历史是一座公园：全四卷 /（德）马克斯·克鲁泽著；何珊，郭颖杰译. -- 北京：北京联合出版公司，2025. 7. -- ISBN 978-7-5596-8428-8

Ⅰ. K103

中国国家版本馆CIP数据核字第20256HE032号

Title of the original edition:
Author: Max Kruse
Title: *Im weiten Land der alten Zeit*; *Im weiten Land der neuen Zeit*
Copyright © 2023 by Max Kruse, represented by AVA international GmbH, Germany
（www.ava-international.de）
Chinese language edition arranged through HERCULES Business & Culture GmbH, Germany.
Originally published 1997 and 1998 by C. Bertelsmann Jugendbuch Verlag, München

本书简体中文版权归属于银杏树下（上海）图书有限责任公司。
北京市版权局著作权合同登记　图字：01-2025-0753

如果历史是一座公园：全四卷

著　　者：［德］马克斯·克鲁泽
译　　者：何　珊　郭颖杰
出 品 人：赵红仕
选题策划：后浪出版公司
出版统筹：吴兴元
编辑统筹：尚　飞
责任编辑：管　文　龚　将　牛炜征
特约编辑：季丹丹　罗泱慈
营销统筹：陈高蒙　营销编辑：林晗芷
装帧制造：墨白空间·Yichen

北京联合出版公司出版
（北京市西城区德外大街83号楼9层　100088）
北京盛通印刷股份有限公司印刷　新华书店经销
字数751千字　889毫米×1194毫米　1/32　37印张
2025年7月第1版　2025年7月第1次印刷
ISBN 978-7-5596-8428-8
定价：178.00元（全四卷）

后浪出版咨询(北京)有限责任公司版权所有，侵权必究
投诉信箱：editor@hinabook.com　fawu@hinabook.com
未经书面许可，不得以任何方式转载、复制、翻印本书部分或全部内容。
本书若有印、装质量问题，请与本公司联系调换，电话010-64072833

目录

第六天　渡过英吉利海峡　/　1

前　奏　/　3
时代的转折点　/　10
英国的繁荣　/　19
莎士比亚的时代　/　30

第六晚　新思想改变世界图景　/　51

牛顿与自然科学　/　53
巴洛克，艺术与折磨　/　71

第七天　尼德兰的荣光　/　81

航海家和商人，艺术家和思想家　/　83
思想的启蒙　/　102
黎　明　/　121
巴洛克的音乐　/　141

第七晚　巴洛克的两极　/ 151

困苦的巴洛克　/ 153
夸张的巴洛克　/ 159

第八天　启蒙和新形态的艺术　/ 165

向游戏性的变迁——洛可可　/ 167
理性之光　/ 182
启蒙运动——一个划时代的事件　/ 189
飞进新时代　/ 203
机器的时代随着蒸汽开始　/ 223
普鲁士和奥地利的启蒙运动　/ 230
启蒙运动的集大成者　/ 239
维也纳与音乐的繁荣　/ 255

第八晚　莫扎特的故事　/ 265

洛可可时代的世界级音乐天才　/ 267

今天，西方的思想似乎正经历一场深刻的变革，而且变革的规模是文明史中从未有过的。我深信，只有接受历史的教育，我们才能恰当地参与到这场变革中去。每个时代都得重新想象自己的历史，每一代人都得从自己的立场重新审视那些塑造了他们世界观的观念，并重新经历它们。

——理查德·塔尔纳斯

第六天

渡过英吉利海峡

前　奏

三个年轻人

贝蕾妮克醒了,她伸着懒腰,一时间以为自己还在梦里,一双深色的眼睛在金色的发丝下忽闪个不停。

她一骨碌坐起来,用胳膊支着身子,四下里打量——她这是在哪儿啊?这房间她很熟悉,可地点呢?她侧耳倾听——反正肯定不是在家里,否则她会听到车来车往、轰轰的马达声、刹车的吱吱声……嘈杂得简直能掀了屋顶。

但这儿只有纯粹的寂静,静得让人有种不真实的感觉。

她跳下地,光着脚溜到窗边,推开窗子。展现在眼前的不是塞满车的街道,而是宁静的原野——墨绿的松柏镶嵌在一片辽阔平坦的翠绿周围,犹如布景围着舞台;灿烂的阳光照耀着渐渐模糊的地平线。

"多好的空气啊!"她惬意地叹了口气,"像丝一样顺滑。在北部的家里可不是这样。"

这么说,她仍然在进化公园里了?如果是,那她此刻究竟是在哪个地方、哪个时代呢?这些她不可能预先知道,因为她和两个伙伴投宿的这家旅舍像个旋转舞台,一只神奇的手轻轻一拨,时间地点便在一夜间彻底改变。在这座舞台上上演的,哪些是现实、哪些是想象呢?

贝蕾妮克这会儿完全醒了。

是的,那当然都是现实。过去的五天里,她——不光是她,还有"浪漫的冥想家"罗曼和"怀疑主义者"斯特凡——他们三个确确实实由那位友好而神秘、似乎长生不老的塞内克斯带领着,不停地观看、惊叹、询问……

不,一切都是幻象!——不是吗?自打会读书,贝蕾妮克就总梦想着能真见到书中的人物,年龄大一些则希望见到那些历史中的人物。在这里就是这样的——差不多就是这样!

她迅速地冲了个澡,穿上那条缩水变短了的牛仔裤和染上颜色的圆领毛衣,袖子一直卷到肘弯处。

在旅舍门前,三个人碰了面。罗曼和斯特凡分别在贝蕾妮克的脸颊上吻了一下,表示问候。

"这些天真是太精彩了!"贝蕾妮克喊道。

"全是历险。"罗曼答道,"好在这样的冒险不会被狮子吃掉——至少我是这么想的。"

"你这么想,罗曼?"斯特凡笑道,"虽然不会被狮子吃掉,咱们却得绞尽脑汁呢。"

罗曼点点头："但愿这会对我的毕业考试有好处。"

"嘿，千万别跟我提学校的事儿！"贝蕾妮克嚷起来，手挥个不停，好像要赶走什么东西似的，"幸好要不了多久就毕业了。"

"经历了这次奇特的旅行，我的心境和以前恐怕大不一样了。还没回过神儿来呢，五天就已经过去了。我们坐在电车上，不知怎的就到了一个从没听说过的公园里，碰上了塞内克斯，然后就开始了上下几千年的漫游。照我估计，我们到现在为止充其量才走了一半的路——宇宙大爆炸、冰川时期、古埃及、古希腊、恺撒的古罗马、中世纪、文艺复兴……"

斯特凡点头接道："昨天咱们还聊到了宗教，聊到人是一种多么容易受引诱的疯狂动物、人对真理的寻求，也聊到了战争、十字军东征和烧死异教徒的事。"

贝蕾妮克又一次注意到斯特凡准确表达事物的能力，这一点让她很喜欢；而罗曼敏锐的感受力也令她十分欣赏。要在他们中选出更喜欢的一个，可就让她为难了——咳，胡思乱想些什么呀，她根本没必要在两个男孩之间做出选择，现在这样不是挺好！她从眼角打量着斯特凡——他长得很漂亮，身材修长，样子坦率，并不厚密的浅金色头发正像他聪慧的头脑一般明亮。贝蕾妮克觉得他的颧骨长得很奇异，有些亚洲人的味道。眼镜在他不高的鼻梁上从来待不住，总是要滑下来，害得他不得不一再去扶，好让那双狭长的眼睛清晰地看到一切——清晰，这就是他的座右铭，并且不只是在看东西的时候；他对一切都加以怀疑，同时又极敏感，这种敏锐很容易让他痛苦。他穿着条棕色的灯芯绒裤子，膝盖处微微鼓出来，上身松松地穿着件衬衫，敞着领口，背上像背着个包似的搭着件深色毛衣，毛衣的袖子在胸前打了个结。

罗曼呢？贝蕾妮克也偷偷打量着他。他身上的一切都更柔和些，他的性格也是如此，不那么锋芒毕露，而是十分和谐。他厚厚的栗色头发很不服帖，乱七八糟地支棱着——真是个可爱的家伙！他对作家和诗艺的爱好使他显得有些不合时宜，另外，贝蕾妮克有时觉得他太宽容、太顺从——他不仅是名字像浪漫主义者。罗曼同贝蕾妮克一样穿的是牛仔裤，上身是件棉布套衫，圆领子宽宽的，肩上还搭着件浅绿色的亚麻外衣。

我们在哪儿？

"噢，太阳！"贝蕾妮克欢呼一声，指着树枝间冉冉升起的大火球。

"我更想知道咱们在哪儿。"斯特凡说，"咱们所处的时代倒不难猜出来——至少我觉得不难。"

"这个嘛，从随便哪棵松树的树冠上都能看出来。"罗曼回答道。

"你又在胡说八道了！"贝蕾妮克摇起头来。

"我没有——你仔细看，就在那儿，黑色的字母，以深色的树枝为背景：十七世纪。"罗曼用食指在空中画着字母。

"信口开河！"贝蕾妮克喊着，"你这么说，只是因为咱们昨天去过用望远镜发现了好多星星的伽利略那里，所以这很容易猜出来。"

罗曼点点头："塞内克斯随时会到，咱们快吃早饭吧。"

靠墙设有餐台，他们在树荫里的一张小桌子边坐下来。

贝蕾妮克一边把浓浓的牛奶浇在麦片上，一边说："这个进化公园，难道不是有点像个以进化为主题的迪士尼乐园吗？"

"说'发展'比'进化'更准确些。"斯特凡道，声音清晰明亮。他正在和从他面包上滴下来的蜂蜜较劲。"'进化'指的是生物学意义上的变化，而这个进化公园主要是关于文化方面的进步的。"

"——如果那是进步的话。"罗曼正享用着一大份煎土豆炒蛋，"在迪士尼乐园里，你知道自己身处童话世界，一切都是粗浅的娱乐，可在这儿不同！这儿的一切都像是现实，而且无边无际——至少我感觉是这样。"

"当初我们为什么得答应运用自己的头脑，这个，我现在清楚多了。"斯特凡简洁地说。

罗曼沉思着："人是什么？我们从哪里来？我们的生命有什么意义？——这些我还是不知道。我很想弄清楚是什么感情推动着人类的行动，人类创造了什么，又引出了什么样的新道路。"

"尤其是你的那些作家前辈兼同行——你不是打算有朝一日踏着他们的脚印走吗？"斯特凡打趣道，"我倒是希望能够把握思想发展的重大线索；我想知道，世间的事物为什么是它们现在这个样子。总不会有什么东西是瞬间产生的，一切都有一个漫长的前奏，而这个前奏也有其思想根源。"

"错！"罗曼说，"过去是一个关于情感和由情感产生的事物的故事。"

"早上好！"

三个人循声望去——这声音来自一个瘦长的形体，阳光从他的背后投射过来，使他看上去像一幅剪影，身体和脸都是黑的，却被光镶上了一道金边。长长的影子无声地在他身前移动。

"塞内克斯来了，还是那么出人意料。"

他们的向导踩着石子路走来。他身材不高而清瘦，微微有些驼背。他脚下的石子几乎没有发出任何嚓嚓的声响，似乎他接触地面时极轻。

"我觉得这个人很神秘。"斯特凡喃喃说道，"如果他像五天前出现时那样神秘地消失，我一点都不会惊奇。"

贝蕾妮克大声地向塞内克斯问好。

他举起一只手来作答。走近他们的桌子时，他给人的那种不真实感消失了。他穿着件单排扣上衣，是那种很细密的灰色料子。

我怎么从来没注意到他的眼睛和衣服是同一个颜色？贝蕾妮克友好地注视着他。他额头上细细的皱纹与从眼角向太阳穴散开的纹路连在了一起，使他看上去总像在微笑——这笑意甚至也透过他的眼镜片散发出来，而他窄窄的唇上也像是挂着一丝笑意——谁知道呢，说不定他实际上很忧伤。然而谁也别想看出什么。嗳，但愿实际情况正相反吧，贝蕾妮克想，看到他这个样子，你会忍不住想去拥抱他、保护他；但那时你可能会惊觉怀里什么也没有！

她发觉自己在审视他，赶紧将目光移向地面。

塞内克斯装作没注意到她的目光，开口道："很抱歉，有点晚了。你们已经吃完早饭了吗？那好。我已经在我的房间里吃了面包，喝了咖啡。怎么样，可以出发了吗？"他的话音很轻，但很清晰。

"塞内克斯，我们这是在哪儿？"

"还在比萨附近。我很愿意和你们一道去威尼斯，但我们先为以后留着——我保证会带你们去。现在拿上你们的野餐袋吧，我们要穿越这片神奇的松柏林。"

时代的转折点

每个旅行者都自己照料自己

不久，他们到了一个小地方。"这儿是马里纳－迪比萨——比萨的港口。"塞内克斯朗声说道，"从这儿启程，我们又要出海了。"

一幢幢房子歪歪斜斜地靠在一起，尘土在墙壁多孔的浅色水质涂料上蚀出道道花纹。狭窄的巷子里，渔夫、船夫、商人、篮子里装着鸡鸭的农民、女商贩、骑马的、驾牛车的来来往往，一片嗡嗡营营。其间，一个身穿黑衣的议员老爷掩着鼻子，小心翼翼地迈着步子，生怕踩上马粪和屎堆。

码头里，大大小小的船只在水上摇荡。这里停靠的有带桨的小船，也有甲板上带船舱的帆船，上面横七竖八吊着缆绳。盐、海藻和海水的气味在空气中飘荡，到处是一片嘈杂。那比手画脚的，是谈生意的人在讨价还价；那往来穿梭的，有水手、船上的小厮、挑夫和码头工人。葡萄酒桶辘辘滚动，车子隆隆地在地上碾过，箱子、盒子晃晃悠悠，棉花包、丝绸卷堆成垛……在这一切之上则是海鸥的鸣叫。

塞内克斯引着三人走向一条吃水线上长满了海藻的帆船。船长，一个生着细长眼睛、上衣和裤子晃里晃荡吊在身上的男子接待了他们。

贝蕾妮克有些迟疑，悄悄说道："这人像个'船怪'，也像个魔法师。"

"大海经常是喜怒无常的，"塞内克斯开始解说，"过去乘这些船旅行的人，去朝圣也好，去北美、马耳他、西西里也好，不管去哪儿都得自己照料自己。不管是干什么的——商人、香客、骑士、贵族、学者、医生，都要买屠宰好的绵羊、山羊、家兔或鸡，带上磨好的谷物，要么就用水把谷粒泡软；水是配给的，但由于水很容易变质，人们更喜欢带葡萄酒，可这让很多船长不乐意，因为他们不希望船上有醉鬼。一次航程需要多少时日，谁都无法预告，因为这事儿由风做主。连续几天甚至几星期没风都是有可能的，船根本走不了。另外还得提防海盗。有些旅客踏上的是他们人生的最后一次航程。"

他们坐下来，倾听风儿在缆绳间吟唱，嗅着海藻的味道，眺望着大海。贝蕾妮克闭上眼睛，让脸庞迎着太阳。

船启程了，缓缓驶进了地中海，尚未升得很高的太阳被抛在背后。

塞内克斯接着讲道："昨天晚上我们见到了伽利略，谈到了他最重要的发现，也听了教会对他的审讯。你们知道，他收回了关于地球环绕太阳运行的话——这样做是为了自保，实际上他的见解并没有改变。在我看来，伽利略最大的功绩在于，他发明了一种实验方法，可以排除非真实的假设，以前没有人做过这样坚持实践的尝试。他以此赋予科学一种新的维度。"

"您是说，现在人们可以检验一切了。"

"在伽利略以前，人们以《圣经》为依据，试图对它做烦琐的阐释。从伽利略开始，情况就变了。"

"我还是觉得不去威尼斯很可惜。"贝蕾妮克说。

"以后会去的，"塞内克斯回答，"我向你保证。不过现在你就要尝到些威尼斯的味道了，我这就给你们讲这个时代的杰出人物中的另一位，他主要是在威尼斯活动——你们能猜出是谁吗？"

三个青年摇摇头。

"在威尼斯生活、工作着的有那个时代最伟大的作曲家——克劳迪奥·蒙特威尔地。他是圣马可教堂的第一任乐长。蒙特威尔地是世界上第一位重要的歌剧作曲家，与不及他有名的人一道创造了歌剧这种崭新的艺术形式。他们的歌剧，情节大多来自古希腊神话，载体则是器乐和歌唱。歌剧的演出也不再在露天举行——十六世纪就有了固定的剧院建筑，戏在剧院里的观众席前上演；其中最有名的要数维琴察的奥林匹克剧院，由文艺复兴时期的著名建筑师安德烈亚·帕拉第奥设计建造，全木结构。1637年5月6日，世界上第一座公共歌剧院在威尼斯投入使用，市民也拥来观看演出,从此,年轻的歌剧不再是贵族的特权。经营剧院要赚钱,就必须考虑到广大观众的口味,这一点大大改变了剧本的特点。"

"蒙特威尔地是歌剧的发明者吗?威尼斯是第一个上演歌剧的城市?"贝蕾妮克问。

歌剧在威尼斯走上胜利之路

"第一部歌剧是在佛罗伦萨上演的,"塞内克斯继续说,"那是十六世纪末一群喜好歌剧的学者搞的。一开始,他们只是想更新古希腊悲剧,将歌剧从当时盛行的极其复杂的多声部音乐中解放出来,让剧本内容也更容易理解。天文学家伽利略的父亲文森佐也是其中的一位,他把但丁《神曲》中的诗句改成一种说唱的形式,这是歌剧流行的真正开端。蒙特威尔地的第一部舞台作品《奥菲欧》作于1607年,当时他还在曼图阿的宫廷里服务。"

接下来,塞内克斯沉默了一会儿,两根手指顶着太阳穴,似乎在考虑什么,然后才说下去:"对歌剧的激情很快就烧成了燎原之火,威尼斯一下子接连冒出十四家歌剧院,彼此竞争起来。"

"所有的剧院都生意兴隆吗?"

"那可不,罗曼,歌剧迷住了所有人。贵族和富裕的商人为家人租下包厢,有的甚至成了代代相传的家产呢。市民则拥向剧院顶层楼座。观赏歌剧成了公众生活的一部分，成了一桩社会事件。歌剧院像企业那样经营，重要的是最大限度地赢利，而竞争使付钱看戏的观众对作曲家和剧院的剧目产生了越来越大的影响。威尼斯的道路直接引向拜罗伊特节日剧院和纽约大都会歌剧院，歌手和乐手来自意大利各地，还有些东西我们现在只能从书上看到了。"

"我猜到您指的是什么了！"罗曼喊道，他被贝蕾妮克头发上的香味儿吸引着，越靠越近，"阉人歌手。"

"没错！蒙特威尔地也为阉人歌手创作，也就是那些在青春期变声之前就被割去了睾丸的男子。"

"多不人道啊！"

"这是摧残，也是牺牲。那些歌手虽然保留了听众喜爱的童声，几年之中可能被捧上天去，但他们有生理发育上的障碍，老了以后则被遗忘，往往陷入贫困，而且也不可能有子女来照顾他们。"

"真是太违反常情了！"贝蕾妮克厌恶地摇着脑袋。

"但那时候的人可不这么想。"

"总之蒙特威尔地是个很有成就的天才喽？"

"是的。他令乐队奏出了新的色彩，将声乐与器乐熔为一炉。很特别的一点是，他从没创作过纯粹的器乐曲，因此被视为第一位人声作曲家。蒙特威尔地七十六岁时去世，威尼斯人知道自己失去了什么，他们为他在金碧辉煌的圣马可教堂举行了隆重的葬礼，向音乐之王告别。"

他们默默地想象着那一幕情景。塞内克斯摘下眼镜，擦擦镜片："蒙特威尔地给音乐世界注入了青春的活力，通过他，歌剧取得了长足的进步，正像话剧通过与他同时代的莎士比亚获得了很大发展一样。但是请原谅，我这话说早了。"塞内克斯举起一只手搭在眼前，眺望着大海。

斯特凡满怀期待地看着他："您提到了莎士比亚——我们是去英国吗？"围绕着他们的光更加明亮了，但也散乱起来——他们钻进了一片雾海之中。塞内克斯深邃的微笑让他们捉摸不透。

"空间与时间的界限就这么变得模糊了。"他喃喃低语，"要不了多久，我们就会置身另一个世界。在这之前，我还得赶紧给你们讲一个生活在巴洛克向启蒙运动过渡时期的人物。他与女王伊丽莎白一世同时代，但不是她的臣民。他是法国人，这对我们航行的路线来说也很合适，因为我们在抵达下一个目的地之前要经过法国。"

"您指的是谁啊？"罗曼伸直了腿，后脑勺靠到桅杆上。

话题像沙拉里的菜

"我指的是米歇尔·德·蒙田，现代文学以他为开端，通过他，好奇心、冷静从容的自我意识和明朗的智慧进入了文学。"

"我父亲有他的一本书，但我没读过，学校里也不讲他。"罗曼的兴趣被勾了起来。

"他的生活经历没什么特别的，1533年生于波尔多附近蒙田家的府邸，一度担任公职、四处漫游，当过波尔多的市长，但很快就回到家中，专心致志写他的书。严格说来，他不是一个哲学家，但他头脑睿智，富于思辨色彩。尼采认为，正因为有了蒙田的写作，人活于世的乐趣才大大增加了。"

"这可是极高的赞扬了！"

"他配得上，因为他被认为是'随笔'（essay）的创造者。他发明了这个名字，翻译过来的意思是'尝试'。他自嘲地称自己的作品是'沙拉'，指写作的话题广泛，就像把各种菜拌在一起做成的沙拉。他承认，他自己就是书唯一的内容。奥地利文化史学家埃贡·弗里德尔认为，蒙田知道一切、理解一切，并对一切都报以微笑。在我看来，他是最早的自由思想家之一。"

"我猜，思想自由的他一定得罪了教堂。"

"是的，他的随笔被认为有很大的道德问题。尽管如此，他的思考方式仍然被许多写作者如饥似渴地接受了，随笔一跃成为最受欢迎的散文形式。蒙田的作品被译成他国文字，包括英语。如果没有蒙田，也就没有我们认识的那个莎士比亚，因为他从蒙田那里接受了很多东西。蒙田的作品中贯穿着怀疑的精神，他想要更好地理解自己和周围的人。"

"请举个例子吧！"

"他认为，人生来就是要过好每一天的。死亡一旦降临，就会吞没一切——就像一个种植卷心菜的人死时不会在意死亡，也不会在意自己没有处理好的花园。"

"伊壁鸠鲁也可能说出这样的话！"

"人们常拿蒙田和伊壁鸠鲁相比。蒙田知道，正因为生命如此短促易逝，人才更应该深刻、充分地享受它；他要人将一切事物都与真理和理性联系起来，讥讽地称无知是个有益于健康的软枕头。他是一个充满怀疑精神、博闻广识的人。在儿童教育方面，他的观点领先于整个时代，但他的建议直到二十世纪才结出果实。"

"是什么果实？"

"蒙田认识到了让孩子自由发展和独立思考的重要性。"

"您认为今天这些已经实现了吗？"罗曼皱起了眉头，"真能那样就好了！"

斯特凡和贝蕾妮克一齐点头。

"蒙田批判教育过程中的任何强制手段。他相信，人不能通过理性、聪明灵活的办法达到的，也永远不可能通过强迫达到。他反对学校的刻板，批判体罚，希望学校用花草装饰教室，营造快乐、开朗的气息，他把这称为'盛开'和'优美'。他还说，所有对孩子有益的菜，都应该加上糖。"

"那时还没人提到过蛀牙，"斯特凡喃喃说道，"不过他言之有理。"

塞内克斯没接话，而后，他向贝蕾妮克微笑起来："我现在要说的你听了肯定高兴。蒙田作品的首次出版得归功于一位妇女，她二十三岁时就是那个时代的特例——她被蒙田深深吸引（蒙田也被这位异常博学的女性吸引），违背了母亲的婚姻安排。"

"是一段罗曼史吗？她叫什么名字？"贝蕾妮克将一绺卷发从额前撩开。

"她叫玛丽·德·古尔奈。她之所以引人注目，还因为她在一篇名为《男女平等》的文章里称两种性别在道德上是相同的。这很大胆，因为到那时为止，妇女争取平等的努力都还徒劳无功。她是一个没落贵族家庭的长女，不顾当时的所有偏见，自学掌握了丰富的知识；她想做一个'femina docta'（女学者）。这也是她认为蒙田的作品意义极其重大的原因，这种重要性不亚于认识他本人。她一生都致力于管理他的作品，把它们印了十一次，这使她得以接触许多科学家。她办了一个学者沙龙，人们猜测，这个沙龙就是法国科学院的前身。"

"法国科学院是由一个妇女缔造的？这肯定没几个人知道。"

雾逐渐消散，眼前的海洋变成了河流的景象。塞内克斯站起来，指向前方："看，伦敦的泰晤士河！"

英国的繁荣

在伊丽莎白一世的王国里

"我们沿河而上,城市主要在北岸伸展,你们能看到伦敦塔的钟楼。城堡是城中最古老的地方,过去通常是英国国王住着。现在我们则更多地把伦敦塔和它阴暗的过往,和监狱、处决犯人的地点联系起来。那后面就是伦敦桥!"

"它可真够大的!"

"它横跨在泰晤士河上嘛,是那个时代的一件杰作。那边是三桅帆船,就是它们把英国和其他国家的港口连接起来。"

"那条打扮得那么漂亮的小船呢?"贝蕾妮克用两手的食指比画着。

"那可是女王的豪华游船。女王主要住在伦敦,时不时住在城外。"

"桥上的建筑是什么?"

"一部分是住家,一部分是店铺,它们鳞次栉比地排在道路两旁。人工岛上立着一根根尖尖的拱柱,它们是用来截断水流的。还好,今天路边没有挑着被处决之人头颅的长矛,那可是一种骇人的景象。"

"我猜,您这还算是轻描淡写呢!"

"我们的祖先会觉得我们太娇气。不过更重要的是下面的泵水设备,不管怎么说,它完全是新式的,一个大水轮把河水输入城市的供水网,这被很多建在河边的大城市效仿。不管是进城还是出城,一切都要经过伦敦桥。街道上、房屋之间,车辆来来往往,家庭妇女在购物,伙计在运货,人们彼此交谈。我们到岸了,你们注意到什么了吗?"

"那还用说,"贝蕾妮克大摇其头,"怎么一切都显得那么绝望啊!"

一条阴暗的胡同

他们踏上防波堤。塞内克斯走得很急,他脸上的线条突然僵硬起来,但他的目光十分坚决地投向前方,似乎要把什么东西甩在身后。他领着三个人进了一条胡同,胡同里,不幸犹如毒气一般附着在每一座房屋上。贝蕾妮克紧紧闭住嘴巴,还捂上一只手。

"鼠疫正在流行。"塞内克斯喃喃说道。他用一块手帕掩着鼻子和嘴,结果说出来的话瓮声瓮气的:"1592年底,腹股沟淋巴腺鼠疫又一次侵袭了伦敦，几乎没有一个家庭能躲过。人们不再有活下去之外的任何想法。剧院、娱乐场所和其他公共设施都关闭了。"

"那时候人们还不知道传染这回事，是吗？"

"对，但人们已经觉察到其中的联系，只是还不知道真正的原因。人们在恐惧之中捕杀流浪狗，但他们不知道死神是老鼠身上的跳蚤带来的，而老鼠来自东方的船只。瘟疫由港口城市迅速蔓延开来，人们炮制的各种草药一概不管用。"

"那还用说！"

"人们尝试了各种偏方——包括最稀奇古怪的——比如把活鸡放在病人肿胀的肢体上，或是让病人在羊骨头上蹭来蹭去，再或者把灌了水银的榛子壳挂在脖子上。大约十分之一的人已经被夺去了生命，整个城市仿佛就要毁灭了。"

"天哪！"

"关闭剧院还有另外一个原因。那时，宗教狂极为猖獗，他们利用人的恐惧挣钱，因为人们什么都相信——预言、星相、信口开河的解梦和巫师的胡扯。"

"利用人的茫然无措和恐惧获利——总有这种人。"斯特凡愤愤地说道，脸色苍白得可怕。

"江湖医生赚钱如流水一般，"塞内克斯的声音从手帕后面传出来，"他们把'预言'印出来，人们就像疯了似的买那玩意儿。"

"这下肯定有更多、更大的恐慌散布出去了！"

"没错！日复一日，天天都有预言说世界末日就要来临了。

街上到处是贴在墙上的广告：'这儿住着一位预言家''这儿有一位星相家，他能为你预告未来'。这些倒比教堂牧师对瘟疫流行所做的解释更让人相信——据牧师说，瘟疫流行完全是风化腐败、罪恶泛滥造成的，而看戏也是该追究的罪恶之一。"

"演员是不是也受到了诬蔑？"

"是的，不过他们逃到外省去了。威廉·莎士比亚大概回到了他的出生地斯特拉特福。那里无法表演剧目，因而他不停地写作。于是他的第一部并非以演出为目的的作品——《维纳斯与阿多尼斯》——诞生了，这是一首叙事抒情诗。这首诗给他带来了运气，因为伦敦的贵族喜欢它，欣赏它优雅的词句，因此也注意到它的作者。别的演员则试着在乡村和小城市演出，有些创作者把剧本卖给印刷商，也能勉强生存。因此在鼠疫流行期间出版的剧本数量超过了那之前的许多年。"

"也包括莎士比亚的剧本吗？"

"很可能。我似乎能看到那动作敏捷的人走进一家店铺，门上的铃铛响起来。铺子里很黑，空气污浊，布满灰尘；墙边的架子上塞满了书籍、本子、小册子、写着字的纸张。乌鸦嘎嘎地叫着，一只猫正窥伺着台阶下面窸窸窣窣发出声响的老鼠。主人终于出现了——一个弓腰驼背、戴着乱蓬蓬的假发的小老头，说他不修边幅都算是恭维。他戴着副无边眼镜，令那张本来就十分狡猾的脸孔显得更加诡计多端。那位戏剧天才……"

"他又不能为他那副可怜相负责！"

"喂，贝蕾妮克，这下你把我的诗意打断了！——那位戏剧天才把自己的杰作之一交给了这个家伙,然后——如果运气好的话——经过半天的讨价还价,莎士比亚才能得到几个子儿。"

"真不公平!"

"过去,这是所有艺术家的命运,除非他们成了神的宠儿,得到贵族和富人的青睐。"塞内克斯清了清嗓子。他似乎本想掉头回去,但想了一下之后,又向前走了几步。

生命短暂,死神常在

又一次站住的时候,塞内克斯对他们说:"你们好好地看看吧,我们的祖先就只能生活在这样的环境之中——我指的是所有的东西——饥饿、贫穷、不安、妒羡猜忌、头脑狭隘,没有任何公共保障,没有真正有效的医疗救助,卫生条件极差,夜晚只有可怜的一点照明,也没有暖气,与我们今天视作理所当然的舒适一点关系都没有!生命短暂,死神常在。莎士比亚也有两个姐姐在年幼时就夭折了。他出生的那一年,鼠疫夺走了埃文河畔斯特拉特福七分之一人口的生命。1616年,也就是莎士比亚去世的那一年,在阿登的森林里,穷人家的孩子仍大批地饿死。"

"他们大概从来没有过不怨天怨地的日子。"

"不,贝蕾妮克,我想还是有的。反正他们不知道其他的可能性。"

狭小的房子里传出叫喊声、哭声,还有女人和孩子的呜咽声。

"我受不了了,塞内克斯。"

"我们继续往前走吧。这条现在看上去毫无生气的街道,不久前还满是伙计、女佣、凑在一起谈论家长里短的妇女和玩耍的孩子。"哀怨之声越来越响,不时出现空无一人的房子,店铺的窗子大多关了,门上钉了木板,偶尔有壮汉手持长矛在门前守卫。

"这些房子的主人逃走了,"塞内克斯解释道,"看门人要守着房子,不让人闯进去抢东西,他们穷得没有别的办法,只能冒这个险。"

从一条侧街上踉踉跄跄地跑出来一个人,上身赤条条的,只穿着件肮脏的裤头冲向他们。他骨瘦如柴,看起来既像个傻瓜,又像个乞丐。这人不成人、鬼不像鬼的家伙敲着面手鼓,但不一会儿就停了下来,叉着腿站在那儿怪声怪气地叫:"快走吧!快离开这个地方!不要沾上这儿的霉气!我是被派来向你们布道的!想想吧,还有四十天,四十天过后伦敦就要毁啦,惨啊!快逃吧!祈祷吧!"

话音消失了,他又敲起手鼓,跌跌撞撞地往前走。

"但是那些不能逃到乡下去的人,总不能就在紧闭的门后生活,"贝蕾妮克喃喃地说,"他们得去打水、找东西吃呀。"

"是的,他们必须走出家门,于是情况更严重了。食物很快就会腐烂,无法长久储存,所以只能每天亲自去市场,或派人和孩子去,而他们中间已经有人被传染上了,把死神带回了家。市场上的女贩、卖肉的都有可能染上了病,有段时间几乎没一家店铺开门营业。时时处处都有谣言在流传,这更增添了人们的恐慌。"

"塞内克斯,怎么看出来谁得了鼠疫呢?"

"高烧、呕吐、无法忍受的头疼和后背疼痛,最后病人会痛苦得发疯。很多人脖子上、腰上、腋窝里肿起来,长了溃疡,只要没有发开就疼痛难忍。运气好些的人被疫病无声无息地击中,热度会慢慢销蚀他们的精力,他们几乎感觉不到什么,直到有一天突然失去知觉而死去。"

"这样的人真可以感谢上帝呢……"罗曼喃喃地说,但马上就被他自己话里的残忍吓了一跳,赶紧又加了一句,"我只是这么说说而已!"

"如果鼠疫在某一个城区肆虐起来,那里的街上就会到处布满尸体。"

"我讨厌这个表达。"罗曼嘟囔了一句,"死者会被运到哪儿去呢?"

"天一黑,掘墓人就把他们装在车上,运到万人墓去。这些家伙已经什么都不怕了,他们翻遍了死者的口袋,把他们还能用得上的衣服扒下来,拿去卖。这些没有经过消毒的东西便继续传播疫病的种子。坟墓得在天亮前修起来。只有那些有名望的人才有可能享受在教堂里举行葬礼的奢侈。"

三个年轻人的脸上现出惊骇的神情。塞内克斯直起上身,透了口气:"现在你们就理解大多数疫病被消灭对人类来说意味着什么了。但幸好,那时候不只有贫穷和瘟疫。"

满是人的街道和广场

有光了!死亡胡同到尽头了!这胡同通到一条明亮宽阔的大街。塞内克斯松了口气,说:"鼠疫肆虐的时期过去了,人们回到了伦敦。"

这里也有车子辘辘地驶过,马蹄敲击着地面。有人还在房屋拐角处安了护栏,试图以此来防止房子的墙被人流挤坏。阳光反射在房子的凸窗上,铁匠铺里冒出浓烟,其中夹带着锤子叮叮当当的敲击声。箍桶铺里也很热闹,锅啦罐儿啊的当啷乱响。井边,水在水桶里晃荡。挑夫弯腰驮着擦得高高的货物,被压得不住地呻吟,还得努力保持平衡。一乘乘由奴仆抬着的轿子里坐着他们的主子。广场上,吼叫之声不绝于耳,店铺里陈列着商品。街头的说唱艺人唱着叫着兜售他们的歌片,又几乎被车轮的吱吱嘎嘎和人们的喊叫声盖了过去。

"注意他们的衣服,"塞内克斯插上一句话,"你们看到的可是莎士比亚时代的时装。男人的头发和女人的一样长,而他们的胡子至少要得到同样精心的护理。"

"这些先生看起来都很虚荣嘛,打着细褶儿的领子至少和妇女的一样宽。"贝蕾妮克说。看到人们一举一动端着架子的那股劲儿,她觉得很好玩儿。

"那领子是用平纹亚麻布或麻纱做的,必须得由用硬纸板和铁丝做成的托儿撑着。"

"多不方便啊!"

"那时候人们发现了浆洗淀粉——一种白色的液体，用它可以把领子上细密的褶子固定住。这一时髦样式首先是由法国的凯瑟琳·美第奇穿出来的，不久就被人们加以夸张，最后领子上的装饰简直都有车轮那么大了。假发那时已经很常见了，上等人用它来打扮自己——这是跟女王学的，她希望自己能够青春不老、红颜长驻。穷人则按照重量出售他们的头发，这是我们从莎士比亚那儿知道的。"

"戴着这么个庞然大物，妇女就没法戴帽子了吧？"

"她们只戴顶小帽或是透明的发网，好让头发的魅力显现出来。女士还描画她们的脸，把眉毛画长，穿耳朵眼儿来佩戴耳环、耳坠，珠光宝气的；她们也不怕把自己的胸脯几乎全部暴露出来。你们看到她们的裙摆多么宽大了吗？为此得穿衬裙，上面一圈一圈缝着不同大小的箍儿。女王还倡导穿长筒丝袜呢！"

到处都是那么肮脏，到处都充斥着脏水味儿——人们就那么从楼上往街上倾倒脏水，站在窗户下面可不行。斯特凡做了个鬼脸，堵住鼻子。

塞内克斯给逗乐了，说："走吧，我们的马车在那边等着呢！"

没有女孩的学校

街道另一边停着辆马车，红色的车厢，前面套着四匹马。塞内克斯在前面边走边说："人们知道马车的时间还不长。道路坑坑洼洼的，旅行可不是件舒服的事。——上车吧！"

他们两两面对面坐着。车子吱吱嘎嘎地动了，他们笑起来，因为让自己在位子上坐稳很不容易。他们沿着泰晤士河行驶，越过伦敦桥。桥上的交通非常拥挤，他们得时不时地停下来。

塞内克斯快活地继续说："马车一出现就受到人们的欢迎。女王的第一辆马车是1565年在荷兰制造的，但那辆还不如这辆舒服呢。"

"什么？"

"那辆车还没有钢质弹簧，但车厢毕竟有皮带吊着，因此剧烈的颠簸好歹减轻了一些。起初，马车还是一种奢侈品。"

"也就是当时上层社会的'劳斯莱斯'喽？"

"这种情况很快就改变了。六十年后，马车数目极多，以至于私人车辆遭到了禁止，以免造成严重的交通混乱；只有女王和上层贵族使用马车不受限制。"

"总是富人和女王！"只听贝蕾妮克在一片嘈杂声中喊道，"普通的妇女过得怎么样呢？"

"她们大多生活十分困苦，当女仆——不仅在乡下，也在贵族家里，没有她们，贵族的奢侈生活就是不可想象的。就这样，她们还算是享有'特权'的呢，因为她们至少不会饿死，至少不用靠卖淫求生。伊丽莎白的父亲亨利八世使英国教会脱离了罗马；在他关闭修道院后，女孩受系统教育的道路就完全被切断了。但男孩可以上初级学校。"

贝蕾妮克点着头："我就知道！"

"在伊丽莎白女王的时代,女儿必须对父亲俯首帖耳。她们就像是一种交易品,婚事通常由父母(尤其是父亲)在经过激烈的讨价还价后定下来。再过些年,做女儿的就变成了为孩子和家务操心的憔悴妇人。"

莎士比亚的时代

莎士比亚笔下的女性——有血有肉的人物

塞内克斯想往后靠一靠,却被猛地向前甩了出去,幸亏他手快,抓住了什么东西,才算待在了座位上:"你必须了解当时妇女的状况,否则就不能真正欣赏莎士比亚那些很有革命性的剧本,以及他对妇女和女性追求爱情的权利的支持。他在作品中探讨了其中的矛盾,并进行了艺术化加工。顺便说一句,我们现在正前往他的一家剧院。"

"是环球剧院吗?"

塞内克斯点点头:"我发现你对这些很熟悉啊,罗曼。我保证你会惊讶的。"随后他又对三个青年说道:"莎士比亚的名气首先来自那些描写社会与女性以及两性矛盾关系的剧本。"

"《驯悍记》是不是一个例子?里面的凯特最终只能顺从她的

丈夫。"①

"表面上，罗曼，只是表面上！"贝蕾妮克插嘴道。

"《理查三世》也是。理查三世向成了寡妇的公主安娜求婚，站在她丈夫的尸体前说：'我，杀害她丈夫的凶手……抓住她，被她全心憎恨……我要拥有她——可也不要长期留下她来。'"

"'我，杀害她丈夫的凶手，要拥有她——可也不要长期留下她来！'这真是岂有此理！"

"正是这位作者创作了《罗密欧与朱丽叶》——讲述男女之间真挚爱情最美的剧本。这对那个时代来说是很新鲜的，因为从不曾有过一位剧作家敢像他这样毫无保留地肯定爱情和性。除了他，谁创造出过这样一个人物——在遭人驱逐、离开爱人居所之后，他嫉妒起猫和狗来，只因为它们能看到朱丽叶，而他不能；又有谁让一个少女吐露这样的心声……"

"停，塞内克斯，让我来！"罗曼喊道，"在迫不及待地盼着婚礼之夜时，朱丽叶说：

来吧，黑夜！来吧，罗密欧！来吧，你黑夜中的白昼！因为你将要睡在黑夜的翼上，比乌鸦背上的新雪还要皎白。来吧，柔和的黑夜！来吧，可爱的黑颜的夜，把我的罗密欧给我！②"

---

① 《驯悍记》是莎士比亚早期的一部喜剧，故事主要讲述了桀骜不驯的"悍妇"嫁给彼特鲁乔并最终被"驯服"的故事。
② 译文引自朱生豪译本。

塞内克斯点点头:"伦敦的市民观众对本该嫁给另一个人的朱丽叶的忤逆大为震惊,但莎士比亚肯定爱情,恰恰也把矛头指向了父权。对此,伦敦的青年人——无论男女——全都兴奋地表示赞同。与仅仅是男人的贪欲对象和藐视对象、忍受命运的'理想形象'奥菲莉娅①与苔丝狄蒙娜②不同,朱丽叶是个有血有肉的人物,她追求自己的目标。"

"像《温莎的风流娘儿们》③,她们一起报复了自高自大的福斯塔夫。"

"这些妇女源于市民小资产阶级,当时由此出现了一种新的家庭经济模式,父母儿女共同为其他企业进行生产,这就是家庭手工作坊的开端。许多家庭都成了微型工场,纺织羊毛、亚麻,制草药,蒸馏酒精。伦敦的人口迅速增长起来。"

"即使在有鼠疫影响的情况下吗?"

"对,很快就从五万增加到二十万。"

"据我所知,莎士比亚的很多剧本中的故事都发生在意大利,"罗曼插话道,"他怎么会想到要选择这些对当时的英国来说肯定十分陌生的国外素材呢?"

"他的动力首先来自书籍。当时书籍的数量不断增长,很多

---

① 奥菲莉娅是《哈姆雷特》中的女性人物。她是哈姆雷特的恋人,因父亲死于哈姆雷特之手而疯狂,最终溺亡。
② 苔丝狄蒙娜是《奥赛罗》中的人物。她对奥赛罗怀有强烈的爱情,与之私奔,最终被奥赛罗猜忌而遭谋杀。
③ 这是莎士比亚的一部喜剧,剧中描绘了两个聪明的妇人如何捉弄贪财好色的胖骑士福斯塔夫。

书店还自己印书,人们把书籍称为'时代病',因为满世界都是书,人们根本无法消化一日日增加的大量图书。意大利小说也很受欢迎,不光是薄伽丘的《十日谈》。"

精神病人像动物园里的动物

"关于当时的英国,让我再说几句。社会状况糟得一塌糊涂。莎士比亚出生前的一年政府终于开始征收贫民税,用以建立'封闭式收容所',收容无家可归的人,包括乞丐、病人、贫困者、娼妓及其子女,严厉地鞭答他们,好让他们能重新派上用场——至少是这么设想的。事实当然要严重得多。"

"这听起来真是分裂!一方面出现了一点点社会责任的萌芽,另一方面又把弱势人群关起来与世隔绝。"

"疯人院也跟监狱一样向私人出租。人们交了入场费就可以像参观怪物似的去盯着病人看,付钱多的人还可以打他们;另外还有一些'企业家'经营有利可图的妓院。"

"妓院?——不,够了!"罗曼咕哝了一句。

"抛开这些弊端不看,伊丽莎白的统治给国家带来了政治上的稳定和经济上的增长,为后代的进一步发展奠定了基础,莎士比亚也从中得到了好处。"

"女王长什么样?"

"她肯定算不上个美人,上身又长又窄,她穿的一种到腰部以下收成一个尖儿的紧身胸衣还引导了服装潮流。"

"那么莎士比亚这个戏剧天才长得怎么样？"

一个演员能成为天才作品的作者吗

罗曼想向前挪一挪，好让身子更舒服地靠着——他一对什么东西特别感兴趣，就喜欢这样做。偏偏凳子太窄，他无可奈何地耸了耸肩，又重新坐直。

"据说莎士比亚身材魁梧，是个社交天才。他在斯特拉特福的墓上有一座胸像，他的作品第一次以对开本形式出版时，封面上也有一幅人像版画，这两者呈现的形象都是：光头，唇上留着小胡子（胸像的下巴上也有胡子），鼻子很尖，目光中带着沉思。但是从哪儿也看不出这个人心中藏着能让他写出如此动人作品的那种火焰。"

"莎士比亚的生活呢？"

"这个几句话就能讲完。他很可能是1564年生在埃文河畔的斯特拉特福，与伽利略同年，米开朗琪罗是在那年去世的。他是一场'婴儿爆炸'的'产物'之一，当时这场'婴儿爆炸'使英国人口在五十年内翻了一番。他出身于一个名望很高但绝不富裕的家庭，上了拉丁文学校，十二岁时他父亲成了市长。年纪轻轻他就去了伦敦，想在戏剧行当里谋生，后来成了一名出色的演员。不过他和人共同导起戏来更出色，写出了反响最好的剧本。

他最大的成就是在他的出生地做出的，而不是伦敦。他十八岁在那儿成婚，有两个女儿。他那极富感染力的天才魅力使他受到贵族甚至女王的青睐。女王死后，他受到了一点冷遇，但很快得到女王的后继者詹姆士一世的赏识。1604年，他回到斯特拉特福，过着一个受尊敬的房产拥有者的生活，直到去世。"

"他上过拉丁文学校，这对女孩来说大概是不可能的吧？"

"对。只有男孩有人关心。尽管女王本人受过很高的教育，并且在某种意义上引导了一场'教育革命'，但到1600年左右，只有不到百分之十的女性会写自己的名字。与此相反，男孩必须要在七岁到十二三岁期间拼命用功，他们学的是拉丁语，以及入门的希腊语。"

伊丽莎白的英国——一个自成一体的世界

"您说莎士比亚对伊丽莎白的死很难过吗？"

"是的，而且当伦敦的丧钟为伊丽莎白敲响时，他有充足的理由沮丧——伊丽莎白的统治给莎士比亚带来了很多好处。女王死前不久，他还在她的宫殿里演出了一次。大厅的一头是舞台，四周是无数的廷臣侍从，乐手奏起前奏曲，这是女王最后一次观赏莎士比亚的作品。她的衣裙缀满珠宝，脸部的线条消失在抹得厚厚的白粉后面，红色的假发围着那张妆容夸张的脸，但她超人的思想仍让所有人感触至深。几星期后她就死了，那是在1603

年。葬礼规模宏大，但当天入夜时，街上已放起庆祝的烟火，人们喊着：'女王死了！国王万岁！'可以说，正因为莎士比亚生活在伊丽莎白的王国里，他的天才作品才能产生。"

罗曼拧起了眉头："您这是什么意思，塞内克斯？"

"从原则上来说，我认为评判社会最好的方法，就是看这个社会在多大程度上能让莎士比亚这种天才发挥自我。伊丽莎白一世统治的国家是一个经过几百年的不安定后诞生的全新且稳定的国家——不仅如此，它还是一个自成一体的世界。由于通往东印度群岛和美洲大陆的新航路开通，这个岛国扩展了它的疆域。国家体制、英国圣公会、公众生活、私人财富——一切都获得了在欧洲史无前例的推动力。伊丽莎白的英国不是一个文明高度发达的国家，也不是特别有文化或堪称道德典范的国家。有海军将军干海盗的勾当，也做奴隶交易，有教士出售神职，有药剂师炮制毒药，而且轻而易举就能找到下毒的医生。"

"一句话——情形很可怕，我想。"

"这还没完呢，军队不讲道德，投降的'好处'往往是士兵和罢战人员惨遭屠杀。女巫被烧死，耶稣会教士被送上断头台，然后被撕成碎块。那也是一个残忍且寡廉鲜耻的时代。"

"可您还说，这恰恰是培育了莎士比亚的天才的沃土？"

"某些力量给了他动力。在长达数百年之久的死寂过后，这个国家经历着一种兴奋，有一股对散文、诗歌、哲学和戏剧的热情。就像从前但丁或拉斐尔时代的意大利，现在英国开始向世界说话，世界也开始倾听它的声音。当时曾有人说：在剑桥，虽然有人教新教福音，但没有人学；没人重视风化问题，没人讲礼貌；人人追求新鲜刺激的事物，新书、新时尚、新观点、新法律——人们追求一片新的天空，哪怕它可能是个新的地狱。哥白尼刚刚把地球从世界的中心推开，焦尔达诺·布鲁诺刚在牛津宣讲了新的天文学，讲了宇宙的无边无际、焚烧自身而发光的太阳，还有在原子雾中分解的行星。"

"这动摇了一些人脚下的大地！"

"是的，但是旧观念的铲除、思想的解放、对新希望和新梦想的热烈追求——这些同样给伊丽莎白的王国打上了烙印。不可遏制的精神力量、对生活的热爱、自由的思想，以及特殊的甚至有些怪诞的对美的感受全都展现出来。"

"英国与欧洲其他地方大不相同的到底是什么？"

"英国的岛屿地位——以此为庇护，英国出现了一种新的建筑样式，用玻璃、石头造出有黑白图案的宫殿，而且不必围上护城河和围墙，因为不用担心会有敌人来进攻，这使得它的居民可以直接走进大自然。"

"走进英式花园！"

"莎士比亚就生活在这个世界里，而他的国王喜欢戏剧。莎士比亚知道伊丽莎白让他进宫是何等荣耀。四十岁时，他的地位就已经很突出了，后面还有很多荣光在等着他——即使是在伊丽莎白死后。"

艺术家几乎没有权利

"这么说莎士比亚挣得不少喽?"

"他是环球剧院的拥有者之一,罗曼,估计年收入可达二百镑。"

"这算很多吗?"

"大概是一个薪水可观的教师的十倍。他很少靠发表作品挣钱(或者根本不发表),他的很多印刷作品都是盗印的,因为演员不乐意让他们的成功之作落入他人手中、在别的剧团上演。那时候没有著作权和版权,印出来的文字是所有人的财产,可被任意使用。作家向一个戏剧团体出售作品大概可得四到十镑,靠这点钱,他最多能活几个月。如果还需要钱,他就得写个新剧本。因此,像莎士比亚这样既能为自己的剧团写剧本又能靠表演谋生的人非常突出,其他仅靠写作谋生的作家只能活在他的影子下。"

"这么说也得不到版税吗?"

"那时还没有版税的概念,一个作者在他的作品上演时往往得不到一便士。不用经过他的允许,剧本就可以被演出、印刷、改编,甚至被弄得乱七八糟。尽管如此,英国的市民作家还是在几年内就将传统的戏剧转变成了充满活力的艺术形式。走在最前列的是克里斯托弗·马洛,他写出了第一个有世界级水平的剧本,向世人证明英语可以发挥诗歌的魅力。"

"但莎士比亚并不穷。"

"对,在当时繁荣的戏剧行业中,所有演员都可能致富;但剧院也是商业实体，票房收入必须足够多，这是衡量成功与否的唯一标志。幸运的是，莎士比亚参与建立的剧团在较长一段时间里都是伦敦最成功的。"

有片刻工夫，塞内克斯闭上了眼睛。

艺术与消费者之间的新关系

塞内克斯继续说道："我已经给你们讲了，威尼斯的歌剧院也是像经济实体一样经营的。这是种新事物，是随文艺复兴和宗教改革而来的自由市场的产物。莎士比亚年轻那会儿，就有教士和信徒在教堂前演出宗教'神秘剧'，也有手工业者在行会大厅里尝试演出古典文学题材的剧本。演戏开始面向普通人、面向每个人。莎士比亚挣了钱，把钱投在地产上。他在伦敦买了所房子，在斯特拉特福也置了房产、地产，他自己却在一个工匠那里租房子住。"

"如果说他那时已经取得了很大成功——您把这归功于什么呢？"贝蕾妮克问。

"主要是他的戏剧天才，还有他的语言的独特性。他的语言是无与伦比的，也是所有文学中最丰富的，他的作品共使用了一万五千个单词，包括各种领域——徽章学、音乐、体育方面的专业词汇，还有方言和街上的土话。他似乎醉心于创造词句，随随便便地就能令它们从笔下喷涌而出。在每一个剧本中，他都创造了一个世界——他还用神奇的形象、精灵、女巫、幽灵装点梦境、森林和荒野。他的思维是形象的,所有的思想都变成图画,所有抽象的事物都变成了可以感觉到和看到的东西。"

"这听起来像是作文学校里出来的!"

"他就是知道该怎么写,没办法!而且他自己就在剧团里,了解一切技巧。当时的剧作家没有一个能像他这样有那么多的实际经验,同时又能直接控制演出效果。他集作者、剧评家、剧院经理、导演和演员于一身,二十年里,他为他的剧团写了将近四十出戏,大约每年两出——这也是必要的,因为他在一个专为演出而建的剧院里工作。这样一个演出场所的建立不仅改变了演员的表演方式,也改变了观众的需求和戏剧的特点。"

"当然了,一个流动剧团有几个剧本就够了,因为是在不同的城市里演;要是一直在一个地方,观众是固定的,我想,那就得不断推出新剧目。"

"戏剧不再像中世纪时那样,只向人们提供一种'宗教教育',或是年节市场、旅舍客栈里的噱头。人们含辛茹苦挣来的钱,想要得到好的消遣。莎士比亚仔细观察他的演员,写适合他们、与他们能力相符的角色。他写了一出又一出,人物形象越来越真实,也越来越复杂和深刻,在创作《哈姆雷特》和《李尔王》时,他已经达到了哲学的高度。"

"莎士比亚肯定非常了解人性,但他对我们在宇宙中所处的位置还无从知晓。"斯特凡喃喃地说了一句,陷入了沉思默想之中。

世界是一个舞台

车夫抖直了缰绳，车厢吱嘎摇晃着，终于停了下来。车轮滚过地面的隆隆声消失了，取而代之的是男女老少的说笑和喊叫声。

塞内克斯第一个跳出车厢，罗曼和斯特凡也跟着跳了出去，然后两个人都向贝蕾妮克伸出一只手。她弯着腰正要下车，这时停住了，笑起来，自己抓住木头框子跳了下来。到了地上，她把胳膊举过头顶，做起了伸展运动："我全身都坐僵了！"

他们面前耸立着一座看起来十分笨重的八角形木建筑，上面涂了灰浆，茅草顶上冒出来一个小塔尖，上面飘着一面旗子。塞内克斯说，这面旗子表示某出戏。"下面那块牌子上画着古希腊那位肩扛地球的神赫拉克勒斯。"他又指着一块板，"剧院的名字'Globe'（环球）就是这么来的。"环绕着画面的是一句拉丁文名言"Totus mundus agit histrionem"——世界是一个舞台。

人们三五成群地来了，有走着的，有坐马车的，也有乘船由泰晤士河上过来的——剧院就在河的南岸，与城市隔河相对。

塞内克斯解释道："这个地区不受伦敦当局管辖，因此渐渐发展成了一个颇受欢迎的娱乐中心，有很多剧院、斗兽场、射箭摊和酒馆。"

剧院入口处站着一个身穿口袋似的黑色衣服、瘦得像根竿儿的人，他尖尖的食指在贴出来的一张布告上移动。一方面，他得把纸拿得离自己近一点（他大概是近视眼）；另一方面又要把它举高，好让人们都看到。他高声喊着，唾沫星子乱溅，然而白费力气。即使有人瞥他一眼,也都是漠不关心的神气。"人啊!难道你们想让自己的灵魂中毒吗?你们想学会怎么欺骗配偶吗?你们想知道怎么才能成为妓女吗?你们想听到人是怎么逢迎、撒谎、谋杀、亵渎上帝的吗?那你们就进去吧,让那些演员、那些人类的渣滓给你们展示世上的罪恶吧!"

他抖了抖那张布告,让它在他瘦骨嶙峋的手里舞动起来:"你们想看那些装扮成女子的男孩吗?他们这些小怪物,身为男子,却在兽欲的支配下和别的男人纠扯在一起,干那些淫乱的勾当!"

"他指的是什么?"

"在伊丽莎白一世的时代,妇女仍然不能上台演出,因此人们让尚未变声的男孩穿上女子的衣裙扮演女角。"

"难道要我想象男孩演奥菲莉娅、仙后泰坦尼娅和朱丽叶吗?这个,我可不知道……"那个自命的布道者还在那儿吼叫。

"当时叫嚣攻击剧院的大有人在,清教在整个英国的影响都扩大了。伦敦市长要把城里所有的'罪恶'场所都清除掉,首当其冲的就是剧院;可他的成绩却不大,因为戏剧具有神奇的吸引力,无论男女老幼,也不管是什么身份——学徒、市民、老爷、贵妇、乡下人、外地人——人人都喜欢看戏。"

只见前来看戏的各色人等先是挤在售票处前买票(包括穿着寒酸、每花一便士都得掂量掂量的穷人),然后便都拥向入口。

塞内克斯饶有兴味地看着这一切:"他们简直是急不可耐。想赶在喇叭吹响前找到座位,因为喇叭一响,演出就要开始了!"

一切都在天光之下

塞内克斯拉起贝蕾妮克的手，冲罗曼和斯特凡点点头，四个人便进去了。遮护着后台、座席和包厢的不过是一片屋顶的突出部分，场子不大，而且大部分都在露天（不管是站席还是舞台），一切都在天光和云彩的变幻中生动起来——当然下雨也是一样。舞台尽头模拟出一座房子的样子，带有屋顶、小尖塔、柱子、挑楼、阳台和牛眼窗[①]。

"舞台的活板门里会冒出幽灵，裂开的坟墓可能会发出巨响，不知从哪儿变出魔鬼或地神，伴着鞭炮的噼啪声在烟雾中升腾。舞台的前部什么都可以表现——一间大厅、一个战场，也可以是随便哪条街道。"

"观众得自己想象这一切吗？我看这很现代嘛。"

"得发挥想象力才行，不过这对人们来说并不困难。不管怎样，还有滑轮等设施，让那些假鸟、怪物、神灵什么的飞上台去。演员也会从天上飘下来，比如奥林匹亚山的众神之父宙斯。烟火造出闪电的效果，铁球在盆子里模仿着隆隆的雷声，干豌豆噼里啪啦地掉下来——那就是下雨、下雹子了。"

场子里简直容不下这么多人，可还有小贩在其间转来扭去，身体如杂技演员一般灵活，兜售他们的糕点、苹果、干果、香肠什么的，还有烟斗、烟草，篮子在人们的头顶上传来传去。观众

[①] 西方建筑中的一种装饰性窗户，通常为椭圆形，较小，设置在楼房的上层。

有的抽烟，有的喝饮料，很多人一个劲儿地往前挤。开演前兴奋的交谈声、议论声震得空气都嗡嗡响起来。

"即使是在演出过程中，人们也不停地七嘴八舌。"塞内克斯转向三个人，"这儿最多能容下三千名观众，他们喧闹起来非把演员的声音盖过去不可。"

"抽烟还是个新生事物，对不对？"贝蕾妮克皱起鼻子，因为有个粗鲁的家伙把烟直喷到她的脸上，"这是什么烟叶啊！"

"这是来自新世界的毒品！诗人、航海家、发现者沃尔特·雷利爵士一度是伊丽莎白的宠臣，是他把抽烟引进了宫廷。末了，他自己在不得不上断头台前，还抽了几口呢。在伊丽莎白女王统治期间，伦敦人已经能在七千家店铺里买到昂贵的烟草了。那时也已经有人在警告抽烟的危险，并试图用罚款来减少抽烟现象。"

宽大的领子之上、饰有羽毛的黑色帽子或白色面纱下是一张张好奇的脸。

舞台上的血

塞内克斯指着一张长凳，那里奇迹般地空着四个位子。"已经过午了，"他说，"你们也跟别人一样用点东西吧，有干粮嘛。"

贝蕾妮克拿起一小瓶葡萄酒，啜了一口，脸颊立刻泛起了红晕。塞内克斯还在不停地讲着："世界上再没有哪家剧院能这么便宜地经营了,一方面是在装饰上大大减省,另一方面,与古希腊戏剧不同,这儿不需要合唱队充当群众,也不怎么奏乐。不过今天是个小小的例外!那些(不全是由莎士比亚写的)剧本结局往往十分惨烈,但见刀光剑影、人头滚动,或者人被施了魔法,变成动物——因为观众想要看激烈的场面、要看凶杀,这些便都被表现出来。演员在衣服里藏起装有动物血的尿泡,让它在恰当的时刻破裂。看受刑或处决的场面让人觉得很过瘾。"

"今天难道就不是这样了吗?我们的电视里不也差不多少吗——哎呀,收视率降低可就惨啦!"

太阳的光线愈发倾斜,将影子拉长。舞台后部的幕布间走出一个演员来,宣布演出开始,并念了一段引子。楼座上的观众都坐好了,下面的观众还在推搡说笑,一个扒手利用这个机会开始干他的勾当。

戏开场了。台上的公爵对他手下的三个乐手说:

假如音乐是爱情的食粮,那么奏下去吧;尽量地奏下去,好让爱情因过饱噎塞而死。①

罗曼的眼睛亮了起来:"《第十二夜》!我最喜欢的喜剧。"他一下子就认出了这出戏。塞内克斯狡黠地笑着点点头,好像在说他早就知道了。罗曼看着、听着。他发现,要想习惯另外一种

---

① 译文引自朱生豪译本。

过分清楚、粗犷的表演很不容易；但渐渐地他还是忘了自己在哪儿，忘记了他正呼吸着的空气正属于这出戏上演的时代，他也忽略了舞台的简单和缺少装饰。在他眼前，伊利里亚①和它的海岸从海中升起，他被带进了公爵奥西诺的宫廷，为薇奥拉被那勇敢的船长救起而高兴。

"她不是很美吗？"他问斯特凡。

罗曼已经忘了，漂亮的薇奥拉是由男孩来扮演的，而公爵疯狂爱着的美丽的伯爵小姐奥莉维娅，其声音和身体也来自一个男孩子，只是现在装扮成了女子。而那男孩扮演的薇奥拉呢，又要"女扮男装"，起名叫西萨里奥——简直无法厘清头绪。

演出施展着它的魔力。罗曼被宫廷小丑和两个爵士安德鲁、托比那幸灾乐祸的表情逗得开怀大笑——他们偷听了爱慕虚荣的总管马伏里奥的话，简直是乐不可支。"那可怜的家伙实在让人同情。"罗曼向贝蕾妮克耳语道。

但这同情很快就过去了——当不断产生的误会终于结束，当兄妹重逢，相爱的两对恋人拥抱在一起时（公爵拥抱着换了女装的薇奥拉，后者的孪生兄长西巴斯辛拥抱着老把他当成薇奥拉的伯爵小姐奥莉维娅），罗曼已经忘了马伏里奥受到的捉弄。最后，小丑唱歌作为尾声：

当初我是个小儿郎，

---

① 伊利里亚，巴尔干半岛上的古地名。

> 嗨，呵，一阵雨儿一阵风；
> 做了傻事毫不思量，
> 朝朝雨雨呀又风风。①

暴风雨般的掌声响起来，罗曼这才如梦初醒。

"现在你可以把我的手放开了吗？"贝蕾妮克微笑着问他。

他往左边看去，这才发现自己正紧抓着她的手："哦，对不起！"

谁都没有注意到光线的变化。

"傍晚了。"塞内克斯站起来，深深地透了口气，"带上你们的东西，别落下什么。——这就是莎士比亚的环球剧院，我们还要到泰晤士河边去。"

英语中最神秘的抒情诗

太阳挂在西方的地平线上，从建筑物和树木后面探出头来。窄窄的路已经被踩宽了，他们又沿着河岸在草地上走了一段，直到塞内克斯在灌木丛后发现一个他中意的僻静地方。他坐到一块石头上，三个青年则坐在草丛里。

河水在最后的暮色中闪着光。

---

① 译文引自朱生豪译本。

"现在您要给我们讲什么，塞内克斯？"贝蕾妮克蜷起腿，双臂抱膝，把头枕在上面，长长的发丝飘垂下来。

远处，太阳在一片通红的暮色中落下去了。

他们的陪同者十指交叉，伸直咔吧直响的骨节。"还要讲讲莎士比亚，作为诗人的莎士比亚，他的十四行诗在诗歌艺术中达到的高度绝不亚于他在戏剧艺术中的崇高地位。顺便说一句，他的绝大部分十四行诗都是写给一个年轻男子的。"

"什么？给一个男子写情诗？人们知道他是谁吗？"

"可能是十九岁的南安普敦伯爵，他喜欢在伦敦和他自己的庄园里与诗人及其他有思想的人来往；不过也可能是那个圈子里的另一位。总之肯定是个又漂亮又有修养的人。戏院因瘟疫流行而关闭时，莎士比亚转向了抒情诗，写下了英语中最出色的抒情组诗。"

"您能背一首十四行诗吗？"贝蕾妮克问。

"德语中有很多翻译过来的版本，我只给你们朗诵一下六十六首十四行诗中的最后一首，因为这首被德国浪漫主义文学时期的女子多罗特娅·蒂克模仿过。莎士比亚先写了世界上一切令他厌恶的事情——因为有那些事情，他可以轻易放弃这个世界。但在结尾中，他写道：

厌了这一切，我要离开人寰，

但，我一死，我的爱人便孤单。①"

"是爱人，而不是心爱的女人……"罗曼重复道，"不过，在我看来这没什么，就像萨福爱她的那些女孩子，还有古希腊男性之间的恋爱——这些都没什么大不了的，重要的是诗艺本身。再说，也没有人怀疑莎士比亚结了婚，而且有孩子。"

"对，这是事实。"

"也许，他灵魂中男性和女性的分裂，正是他天才的奥妙所在。"贝蕾妮克思索着说道。

"这个，我们可以当作一个问题带到晚上。"塞内克斯答道。这时天已经全黑下来。"入夜了，是我们投宿的时候了，"塞内克斯说，"旅舍就在那一大片灌木丛后面！"

---

① 译文引自梁宗岱译本。

第六晚
新思想改变世界图景

牛顿与自然科学

世界是如何改变的

透过枝叶交织在一起的桤树和柳树,他们看到草地上孤零零地立着一座桁架式房子,屋顶铺着茅草,屋檐低低的。

"太棒了!"贝蕾妮克拍起手来。

"进去吧。跟之前一样,我们半小时后再见。"

电灯照亮了房中各个角落,贝蕾妮克意识到环境忽然沉静下来。他们各自拿了房间钥匙上楼。房间里,干净的衣服、香皂、毛巾已经准备好了。

洗过澡,换好衣服,他们在自助餐厅里又碰面了。

"我们已经在多少地方过了夜啊,真是棒极了,每天早上醒来都在一个新的地方。"罗曼说,"而且它们之间相隔那么远,更不用说还有几百年、上千年的时间差了。"

"对我们来说,算上今天才不过六天,"贝蕾妮克一边表示赞同,一边叉起一片不听话的生菜叶,"但世界的变化多大啊!"

"变化确实显著,同时又很缓慢,"塞内克斯给自己斟上红葡萄酒,"从现在开始,发展的速度才加快——虽然这也是个渐变的过程。"

"就是说,不是在六秒钟内就从零变到一百!"

"不是,斯特凡,绝对不是。话又说回来——与整个进化的过程相比,这都是弹指一挥间的事。言归正传,我想告诉你们,各地的人口都大大地增加了。"

"尽管有黑死病和瘟疫,有饥荒和儿童早夭的问题,人口还是增加了?"斯特凡津津有味地吃着一份鳎鱼就米饭。

塞内克斯继续说:"欧洲所有的地方都已经被人占据了——那些在恺撒的时代还是原始森林和荒野的地方,现在也冒出了城墙环绕、由一条条加固了的道路连接起来的城市。书籍的印刷传播了新知识,也给人们带来了消遣。"

"和今天完全一样。"罗曼嘟囔了一句,同时往叉子上卷着意大利面条。

"你们已经看见了:水磨和风磨磨碎谷粒,降低了劳动强度。奴隶依然存在,但数量减少了,而且在城市里也不再起什么作用。高耸的教堂和尖塔随处可见。"

贝蕾妮克吃完了沙拉,把空碗推到一边,又把一盘千层面拉到面前。

斯特凡发现塞内克斯吃得非常少,只吃些正餐前的小菜,而毫不耽误他的讲述。"宗教上的纷争不仅发生在天主教和新教之间,也发生在新教内部——它分出的派别不只有福音派、英国圣公会、清教、加尔文教派。大大小小的教派之间纷争不断,摇撼着整个时代。在德国爆发了由宗教和政治原因引起的三十年战争,饱受蹂躏的国家当时分裂出三百多个自主的公国和自由城市,由宗教或世俗领袖统治。"

"我想,从根本上来说,战争是残酷的!"

"但这场战争展示了一切疯狂的特征。除此之外,随着新工具和新思想的发展,人类进入了宇宙未知的领域,他们对世界的设想改变了——尽管人们是在寒热交加的战栗中慢慢意识到这种改变的。"

塞内克斯把他的空盘子推到桌子中间。

观察史的顶峰

"请回想一下伽利略,尤其是他的科学成就。我现在想说一说英国最伟大的物理学家。"

"是艾萨克·牛顿吧?"斯特凡已经开始吃巧克力冰激凌了。

"他生于1643年,也就是莎士比亚死后二十七年——我赶到时间前面去了,不过这样我们就能待在英国了。"

"明白了。"罗曼说着,腿在桌子底下向前伸去,上身往后一靠——物理可不是他所热衷的领域。

"在讲到牛顿在科学上的重大意义之前,我先要提醒你们一下——别忘了在那个时代人们有多么迷信！"

"什么？迷信和牛顿有什么关系？"

"他这位世界级的数学家、物理学家甚至也去琢磨那些预言世界末日的无稽之谈；另外他还很看重星相学。尽管如此，他还是发明了微积分，总结出了万有引力定律。"

"我想，没有万有引力定律就没有宇宙航行。"

塞内克斯又点点头："据说牛顿的灵感来自一个苹果。花园里，那苹果从他身旁的树上掉到地上，激发了他的想象力。他推测，令一个苹果掉到地上的力，应该也是使行星始终不脱离环绕太阳的椭圆形轨道的力。"

斯特凡喃喃说道："这么说他在花园里的苹果和天上的星星之间建立了联系？"

罗曼皱起了眉头说："这想象也太离奇了。"

斯特凡的看法却不同："或许这是一种天才的抽象能力！"

"牛顿知道伽利略在比萨做的试验，也知道尼古拉·哥白尼关于行星环绕太阳运行的理论，于是他就想，为什么月亮会绕着地球转圈儿，而不会直直地飞出去——按说应该是那样的。他推断，一定还有别的什么力在月球的轨道上起作用，而这个力只能来自地球。他坚持不懈地研究这个问题：是不是地球有一种吸引力、一种重力场呢？这种重力是不是决定了月球的运行轨道呢？他宣称，宇宙中的每一个天体都通过一种力受其他天体的吸引，天体越大、二者的距离越近，这种吸引力也就越大。反过来，两个天体之间的距离越远，它们之间的吸引力也就越小。他把他的想法用公式确定下来，以此奠定了经典理论物理和天体力学的基础，并且以潮汐现象为例描述了其他与重力有关的现象。他的著作是时代的一座高峰，是人类观察史上的杰出成就，更在某种意义上成了以后几个世纪的科学家心目中的'《圣经》'。可牛顿把他的笔记在写字台里锁了十五年之久。"

"为什么？"贝蕾妮克小口地啜着意大利浓缩咖啡，"他用不着担心受迫害吧？"

"牛顿是一个异常害羞的人，不注重衣着和外表。他更乐意在自己的田庄里过清静日子，而不是在伦敦皇家学会里和同行辩论。他是那么厌恶社交，以至于竟请求把自己的名字从学会成员名单上划掉。虽然没获得允许，但他在经济上应尽的义务被免除了。"

"歌德好像也反对他来着，不是吗？"罗曼嘟哝了一句，他刚从餐台那里给自己拿了份布丁回来。

"对，但那只是颜色学的缘故，歌德以为自己能够驳倒牛顿的理论。牛顿发现，纯粹的阳光包括彩虹的所有颜色。在实验中，他借助棱镜证明，阳光中包含的七种光谱色混合起来后又会变回纯白色。歌德持不同的看法，但对的还是牛顿。他的发现引起了很大反响，因为到那时为止，人们一直认为太阳的光是'纯粹''完美'的。"

征服地球之乐

塞内克斯喝了口酒,然后问道:"你们吃完了吗?吃完后我们还要出去一下。夜晚的天气十分温和,英国位于墨西哥湾洋流边上,气候宜人。我带你们看看晚上的泰晤士河和伦敦。"

他们溜达到外面,贝蕾妮克跟着斯特凡和罗曼,两只手轻轻地搭在两人肩头。

塞内克斯将他们引到一张长凳上,从那儿,他们可以眺望泰晤士河。深暗的河水载着几条渔船,渔火点点;河水之上是明亮的月光。在它那神秘的照耀下,河对岸那座仍带着中世纪特征的城市成了一幅剪影——高高低低的房屋、尖尖的屋顶、教堂的高塔,窗子中透出点点朦胧的灯光。

这座大城市还没有安静下来,大街小巷还充斥着嘈杂声,越过河水,直传到他们耳边。

塞内克斯把手搭在长凳的靠背上,几乎完全拢住了三个年轻人。"这就是伦敦,伊丽莎白一世及其后继者统治下的英格兰王国的首都,也是克伦威尔和他的议会统治下的英国的首都。在伊丽莎白统治时期,英国经历了突飞猛进的发展,人们占领了地球,也发现了地球。来自异邦的商品丰富了市场,财富增长了。一股清新的风吹进结痂的顽固脑袋,让人的精神从旧思想中解放出来;教堂的影响受到抵制,总的教育状况得到改善,人们对文学和戏剧的兴趣也更大了。"

"您是不是把这看得太理想化了,塞内克斯?"斯特凡推了推眼镜，眉头已经拧了起来。

"当然，这只是好的一面，只针对社会上那些享受到特权的人。他们人数很少，却也很重要，因为他们影响了未来的走向。"

"但大多数人怎么样呢？尤其是欧洲大陆部分发生了什么呢？"罗曼望着河水，向后靠去，像是不经意般靠在了贝蕾妮克的肩头。

"大多数人会为日常琐事担惊受怕，这是我们今天无从想象的。此外，巴洛克时代还有悲叹世界空虚的声音，而且比以前任何时候都大，但这主要是在欧洲大陆（虽然英国也有这样的情况），大陆上又以德国最为严重，因为那里简直是恐怖的天下。"

"您指的又是三十年战争吧？"斯特凡问。

"三十年战争是极其阴暗的一章，实和平时期的情况就已经够严重的了；人们经历着一种渗透到灵魂深处的不安定，这种不安定又被无视道德标准的放肆加剧。我认为，由于恐怖、灾祸比比皆是，人们试图寻求补偿，同时又诅咒所有的罪恶，淫欲、饕餮、酗酒、嫖妓、赌博、通奸——这还只是罪恶名目中的一小部分。人们悲叹说，每个人都想用压制他人的方式来抬高自己。"

一场释放最低级欲望的战争

贝蕾妮克把头向后靠去，仰脸望着月亮，头发上闪着光。"他都见到过什么啊？"她悄声说道。

塞内克斯继续说:"我还得谈几句三十年战争,因为它给时代刻下了至深的烙印。"

"三十年战争,1618年到1648年……"斯特凡喃喃念道,像个脑子里随时记着一大堆数字年代的模范学生。

塞内克斯话音很轻:"从根本上说,这场战争是信奉新教与信奉天主教的统治者之间的冲突。虽说所有的战争都是无意义的、混乱的,但三十年战争应该是其中最没有意义和最混乱的一场,没过多久就已经没人知道发动它的原因到底是什么了。它勾起了人最低级的欲望,什么可怕的事都做得出来;到处是肆无忌惮的胡作非为,一切都由战争的法则辩护——这法则是战争自己写下的,每个人都可以随意去阐释它,尤其是那些独断专行的公侯,不管是天主教一边的,还是新教一边的,全都没有一丝一毫的责任感。这场残杀在恐怖的漫长历史中达到了令人毛骨悚然的高峰。"

"真够可怕的!"

"这场战争像一面哈哈镜照出了人的心灵——在宗教的疯狂和政治的无度中,它就像一场寒热,折腾得人死去活来。"

"医生大概会说这些都是病态。"

"肯定会的。从一篇题为《日耳曼的劫难》的文章中不难看出,欧洲中部到处是可怕的景象,我从中选出一段给你们念一念:'新兴的大城市是多么可悲!先前有过上千条街巷的地方,如今大概不足一百条。小城市也是一片惨相,到处都被毁坏、烧光,建筑坍塌着,既见不到门窗,也见不到屋顶的椽梁。他们是怎么对待教堂的啊——把钟拉走烧毁,建筑物则变成垃圾堆、马厩、商贩的货摊儿和嫖妓的角落,祭坛成了粪堆。天哪,村庄的样子又是多么凄惨!走上十里路也见不到一个人、一头牲口,甚至是一只麻雀。各处的房屋里都横七竖八地堆着尸首,男的、女的、孩子、仆役,还有马、猪、牛——要么是被鼠疫、要么是被饥饿夺去了生命,尸身上爬满了蛆虫,还被狼、狗、乌鸦啃食。你们知道吗——在角落里,在地下室里,人们厮杀着,父母吃自己的孩子,孩子吃死去父母的尸体。许多人乞讨只能讨到一只狗或猫。你们还记得吗——穷人在牲口的死尸堆里刮下腐肉,砸碎骨头,用骨髓烧肉吃,而那肉上曾爬满了蛆虫……'"

"求求您别说了,够了!"贝蕾妮克厌恶地摇着头。

塞内克斯把嘴抿成了窄窄的一条缝。"不仅是战争,"他喃喃地说,"还有鼠疫、饥荒、火灾、凶杀、抢劫、强奸、无度的残暴——这一切造成了普遍的恐慌,人人都听到了约翰的启示[①]中的号角声。那号角声宣布了末日骑士和死亡天使的来临,与他们同来的就是世界末日。宗教秩序、世俗秩序似乎全都崩溃了,路德就已经看到了末日审判的临近。"

"这让我想起了安德烈亚斯·格吕菲乌斯。"罗曼小声道,"他努力用自己的诗歌感动那些罪人,令他们悔改,他的悲诉动人心魄。您也了解他的诗吗?"

"知道几首:

[①] 约翰的启示,即《圣经》中的《启示录》,记载了圣徒约翰看到的末世景象。

……这样的生活算是什么？

我们是什么——你们，还有我？

我们臆想的是什么？

我们想要什么？

如今我们自高自大，

明天却将被埋葬，

今天的鲜花，明天的粪土……

我们又做了些什么啊，

除了夹杂着辛酸恐惧的梦。"

最后，罗曼说："我可不想在这样一个时代里生活！"

"我猜我们谁也不想。"

"但不仅是在这场战争中如此，这个时代中人人都倾向于夸张，不仅是坏的一面，也有好的一面，这个你们也要知道。我要强调的尤其是艺术方面的成就，但与之并存的是无数令人厌恶的东西。"塞内克斯的目光越过河水，投向对岸的城市。河面上月光闪烁。

第一部小说——巴洛克的文学创作

有一阵子，几个人默不作声，最后斯特凡开口了："今天大概已经没有人能理解，只有亲身的体验才有这个可能。"

"我们只能依靠当时人的描述。"塞内克斯答道,"没有一个人比汉斯·雅各布·克里斯托夫·冯·格里美尔斯豪森对这些可厌可恶的事描述得更加形象。你肯定知道他的书吧,罗曼?"

"《痴儿西木传》。"

"书的本名听起来太啰唆了,我们用不着知道。但就是这些刻画描写也远不能与事实相比。"罗曼闭上了眼睛,以更好地集中精神,"格里美尔斯豪森的另一部作品《流浪的枯拉什妈妈》是贝托尔特·布莱希特《大胆妈妈》的蓝本,对吧?"

塞内克斯点点头:"虽然《痴儿西木传》也是一部讽刺小说,有的地方粗俗滑稽,但它的主题很重要。主人公西木一再地体会到,过一个真正基督徒的生活是件多么不可能的事。他听到他那颗基督徒的良心的声音,但不能听从它,因为那样的话,他在这个世界里就会毁灭。"

"但每个人对基督教信仰的理解都不同,至少我是这么想的。"

"那是一个宗教情况很复杂的时代。你们知道,尽管有十字军东征和各种迫害,瓦勒度派依然生存下来;在法国有对胡格诺教派的斗争,最血腥的是圣巴托罗缪之夜[①],当时有七万人被杀。"

"真令人难以置信!"

"在瑞士占统治地位的是加尔文和茨温利,波希米亚有胡斯信徒,德国有新教徒,主要是路德派。英国通过亨利八世脱离了罗马,建立了英国圣公会,起因是教皇拒绝同意他与阿拉贡的凯

---

① 圣巴托罗缪之夜,也叫圣巴托罗缪惨案,指1572年8月24日的前夜,巴黎天主教徒对胡格诺教徒的屠杀。

瑟琳离婚。此外还有一些小教派，人们平时以自己的方式在私人的圈子里敬奉上帝。忠实于天主教的人中也有许多遭诋毁，被说成是狂徒和异端；还有些人是神秘主义者，信奉隐秘的上帝。虔信派[①]教徒中有一个西里西亚人安吉鲁斯·西里修斯，他写作箴言诗——有没有你知道的，罗曼？"

"这我可答不出了，我只知道那些诗很美，很质朴。"

塞内克斯便帮了这个忙：

"要找到我的终结，我的开端，
我只能在上帝中寻觅——在我心中发现上帝！

他的意思是说，人在心灵中能对上帝有生动而真实的体会，所以上帝其实是在人心中复活的。"

"这我可听不出来！"斯特凡嘟囔了一句。

"那再听这首：

我知道，没有我，上帝就是虚无，
我若是无，他也不得不退隐。"

"这听起来很异端嘛——如果不是狂妄自大！"

"但它表达了深深的虔诚——一位时代见证人心中的虔诚。"

---

① 宗教改革后，在德国兴起的一种革新运动，强调发自内心的信仰，以及生活与信仰的统一。

"那个时代我们大概永远也理解不了！"

"但要注意，这些诗句中表达的已经不再是那种对一个长着白胡子的慈爱上帝的幼稚想象了。"

新知识的加速发展

河水汩汩地流向远方。

塞内克斯给了三个年轻人一会儿沉思默想的工夫。当他再次开口时，就仿佛是顺便说说似的："现在我们看一看大陆那边。人们犹疑着向前迈出了最早的几步，比如在医学方面。这个领域中盛名不衰的主要是帕拉塞尔苏斯，他的认识对医学来讲是突破性的。"

"帕拉塞尔苏斯？我知道他的名字，但对他的事迹一丁点都不了解，只能想象出一个穿着深色长袍的中世纪人物。"

"然而他是一个'新式'人物。比如，他是自古代以来将医学与自然和自然法则联系起来的第一人；由此，他把医学从装神弄鬼的骗术和魔术中解放出来。他也是建议使用化学物质治病（如汞和锑）的第一人，还推荐了一种鸦片酊剂。"

"还有什么？"

"进步确实是有的。1500年前后就有一名瑞士医生给一个妇女做了剖腹产，这是头一次……"

"肯定没有麻醉吧？"贝蕾妮克的肩膀耸了起来。

"那可怜的女人大概疼得晕过去了。离麻醉术的使用还早着呢。但人们在有限的条件下做着研究和实验。1543年出版了第一本带插图的、还算比较正确的人体解剖书。三年后有个意大利医生发表见解,说疾病拥有种子一样的构造,可以从一个人传给另一个人。"

"他大概被人用乱石砸死了吧?"

"他倒没有,但他的一个同行为自己的认识付出了生命的代价,那就是米格尔·塞尔韦特。他先是很聪明地匿名出版了一本书,指出血液在心脏和肺之间循环流动。作者被查明以后,他因持与神学观点相悖的观点被烧死在日内瓦,下令的是宗教改革家加尔文。"

"我就知道结局好不了!"

"这一次残忍狭隘的是加尔文派教徒,而不是天主教会。"罗曼插了一句。

"不管怎么说,新的认识是势不可当的。那时候就已经有了对红细胞的描述。"

"真的吗?"

"近十六世纪末时,一个荷兰人造出了第一架由好几面透镜组成的显微镜,不过它工作起来还很原始。"

"这一切都是同时出现的吗?"

"在短短几十年内。"

"在技术上,人们是不是也超出了磨坊和塔楼大钟的水平呢?"

"是的,只不过一切变化都比今天慢得多。在威尼斯,人们发明了用活字印刷乐谱的方法，这一进步推动了音乐的胜利，使它不再受地域和语言的限制。彼得·汉莱恩造出了第一块怀表，它靠弹簧发条能走四十个小时，并且一到整点就报时。欧洲处处都摇起了有踏轮的纺车，还出现了一种火柴！"

"想想我们的老祖宗那个时候，取火有多费劲！"贝蕾妮克喃喃说道。

"第一只潜水钟罩的发明虽然可能更轰动，但火柴对人的实际生活更重要，比第一艘用桨驱动的潜水艇还重要（那艘潜水艇在这泰晤士河的水下航行了好几次，潜到了五米深处，船上载了二十四人，在当时实在是件稀罕事）。意大利有针孔摄影机的实验，英国出现了第一台能编织长筒袜的机器，一个意大利人写出了第一本关于'飞龙升空'的书。"

"这就是飞行的开端吗？"

"离真正飞行还早着呢。但是计算尺获得了发展，布莱兹·帕斯卡设计出了算术机，能做加法和减法。十七世纪就已经发明了一种能对着水车的叶片鼓出蒸汽的机器。"

"汽轮机吗？这么说人们已经认识了瓶子里的精灵——沸水的力量吗？"

"还不止如此。带阀门的蒸汽锅加快了食物变熟的过程，最早的蒸汽发动机开始被用在矿山里驱动喷泉。气泵的发明也很重要，因为它要求人能够制造真空——此前人们一直认为这是不可能的。真正让十六世纪末的人震惊不已的是当时造出的机床，虽然它们还不够精确，仍然被叹称为奇迹。人们还为修建米迪运河[①]炸开了一条隧道……"

"这么说,人们不用再辛辛苦苦地用尖嘴锄凿石头了?"

"这是人首次利用火药的爆破力。自罗马帝国衰败后,大多数城市的供水系统都坏掉了。你们已经见过伦敦桥下的第一个抽水设备,当时伦敦的水网也是欧洲最先进的,更不用说伦敦城本身。伦敦城的中心夜间开始用油灯照明,但在古罗马和阿拉伯统治时期的西班牙科尔多瓦就已经出现过类似的照明方式。欧洲其他地方从十四世纪开始零星地用墙上或柱子上安的油灯提供夜间照明。1545 年,第一座植物园在意大利的帕多瓦建成,二十年后向日葵就开遍了整个大陆。"

"在那以前没有吗?"

"向日葵是通过西班牙从美洲引进的,贝蕾妮克。人们现在也开始科学地研究植物了。一个德国人描述了四百种国内植物和一百种外国植物,比如来自新世界的胡椒、南瓜和玉米。在一本自然史类书籍里,鸟和人的骨骼被分了类并被加以比较。意大利人吉罗拉莫·弗拉卡斯托罗讲到地球有一个磁极,另一个磁极也是由一个意大利人发现的。最后要说的是,在十六世纪结束之前,尼德兰的莱顿建起了大学,而且是作为一个世俗的机构建立的,对所有的信仰都开放。"

"啊,一线光明出现了!"

"你们还会看到宽容精神在尼德兰有更丰富的结果呢。"

[①] 米迪运河,又叫南运河,位于法国南部,与地中海相连,主要修建于 1667 年至 1681 年间。

人们第一次想到我们称之为进步的东西

蝙蝠像黑色的箭在河流和草地上方飞舞,倏然改变着方向。远处有只小猫头鹰在呜咽。

"在天主教统治的范围内,耶稣会把控着学校教育,戏剧的情况也一样——每个大的天主教城市里都有一座剧院,人们从演的虔诚戏剧里接受好的影响。"

"好让他们不变成新教徒吗?"

"对,为了坚定信念。新教也做着同样的努力,按他们的意图教育人——在日常生活中,在家庭里,在城市里,也在乡村和宫廷。"

"一个一天天变得狭隘的时代。"

"不能这么说,人们也在寻找自由。他们开始把自己的思想向未来投射,思考那些被我们称之为进步的东西。我刚刚提到了几个技术上的进步,而作家现在也开始铺陈他们的想象力。英国哲学家和政治家弗朗西斯·培根(逝世于 1626 年)死后,他的《新亚特兰蒂斯》出版了,这可能是第一本乌托邦小说。"

"是科幻文学的开端吗?"

"你尽管这么称它吧,罗曼。他在里面预言了机器人、电话、录音机和电动机。"

"我听说过,人们认为法国的西拉诺·德·贝热拉克是科幻文学之父。"罗曼接着刚才的思路说。

"这也不全错,至少在看他的作品数量时可以这么说。但培根死的时候,他才七岁,另外还隔着英吉利海峡和语言的障碍。不管怎么说,他是个思想极端自由的人,攻击哲学和宗教的教条,激励了像伏尔泰这样大胆的头脑。在他的一本小说里,他描写了从地球前往月球的七种可能性,其中六个我们忘了也就罢了,但他提出的第七个就是火箭。"

"真奇怪,怎么没有哪艘运载火箭或宇宙飞船是以他的名字命名的呢?"

"法国人大概把这个给忘了,虽然他们平素总是迫不及待地强调他们伟大的国家。"塞内克斯微笑起来,然后沉默地望着西方那黑暗中的波涛——他在期待着什么吗?

巴洛克，艺术与折磨

堂吉诃德的创造者，一个西班牙天才

几只迟归的摇桨小船正往家赶。塞内克斯继续说："我们再谈一会儿文学吧。总的来说，巴洛克是一种时髦的风格，它表现的是一种过剩——一种从某些方面来看是'黄金时代'的时代的过剩。"

"但肯定只是对少数人来说——命运给了他们好父母。"

"每个时代其实都是这样。"

"但是我想，今天的人们能够认识到这种不公平，并且力图做些事情来抵制它。"

"这在那个时代还谈不上。在莎士比亚之外，那个时代的另一位文学巨匠是米格尔·德·塞万提斯，他的作品《堂吉诃德》是不朽的巨著之一。顺便说一句，他与莎士比亚是同一天去世的。塞万提斯创造了那位'形象凄惨的骑士'堂吉诃德·德·拉·曼查、桑丘·潘沙，还有被堂吉诃德捧为神明、顶礼膜拜的杜尔西内娅·台尔·托波索；他想出了风车大战这个情节，几乎已经成了家喻户晓的典故。这些你们都很熟悉，因为已经有那么多对这部作品进行改编后的作品，包括适合各个年龄段的人看的——有缩写本，还被改编成剧本、拍成电影、绘制成连环漫画，至少也有个音乐剧，在这儿就不用多说了。《堂吉诃德》大概是除了《圣经》之外最成功、流传最广的一本书了，已被翻译成六十八种文字，印刷次数超过了二千三百次，很多大师为它画过插图，如奥诺雷·杜米埃、古斯塔夫·多雷、保罗·塞尚，还有我们二十世纪的巴勃罗·毕加索、霍尔斯特·杨森。正像海因里希·海涅说的那样，我们之所以崇敬这位西班牙天才，是因为他是现代小说的先驱。"

"他是第一位以人的疯狂为题材并对其进行讽刺性描述的作家，对吗？"

"对。而且他与莎士比亚是同时代人，这也不是偶然的。两人有许多共同之处——生命力、戏剧性、对小人物的偏好；我们在莎士比亚那里感受到的他对'傻瓜'类人物的热爱，同样体现在塞万提斯对桑丘·潘沙的描述中，这是为人所熟知的。读《堂吉诃德》可以使我们了解乡村、破败的城堡和酒馆客栈里的生活，了解人们在他们各自的天地里是如何行动的。"

一颗并非浑圆的珍珠

罗曼抹了下眼睛:"描写这些大概就是一个作家的任务吧。"

塞内克斯点点头,但并没有接他的话。"咱们还是说说那个时代。那是一个夸张的时代,尤其是王公贵族。专制盛行,在这方面登峰造极的是法王路易十四,他被称为'太阳王',甚至敢说出'朕即国家'的话,因为他确确实实不受任何限制。让我们感兴趣的倒不是作为'陛下'和政治家的他,而是作为人的他(要知道人这种'智慧动物'可以何等穷奢极欲、狂妄自负,他正是一个极好的例子)——一个盛装华服、穿金戴银、顶着长长假发的偶人。"

"肯定没有人敢说他不魅力四射吧?"

"那可是要犯死罪的。路易十四可以下达任何命令,且都要被执行,不管是流放(这是当时的一项重罪),还是入狱、死刑。他那种无限度的自高自大、穷奢极欲,当然只有在被同时代人接受的情况下才是可能的。没有任何一个时代像当时那样重视仪式礼节。"

"怎么会成这样的呢?"贝蕾妮克问。

"样板来自西班牙,在那儿,自皇帝卡尔五世以来发展出一种宫廷礼节,巴洛克风格的荒唐之处在其中暴露无遗。为此需要一大批臣仆,太傅、财政总管、元帅……直到最底层当差跑腿的、生壁炉的、倒夜壶的。此外,人的权利根本没有保障,王公贵族任意横行、毫无顾忌,腐败行贿都是理所当然的事。"

"您提到巴洛克，我想到的首先是对形式和色彩的沉迷陶醉。"

"每一个人都想压过其他人——每个王公贵族都想压过别的王公贵族，每个主教都想压过其他主教，而艺术家之间也是这样，华丽、堂皇、排场、繁复、矫饰，这些都属于巴洛克风格。"

"这么说来，虽然当时有那么多的穷困现象，人们却奢侈得要命？"

"人们的生活通常是很艰难的，贝蕾妮克。但这并不矛盾，巴洛克风格显示了内部的贫乏和外部的恢宏之间的强烈反差；在每天都饿肚子的时代很少有节约这回事。人们极尽奢华之能事，用纵情享乐、大宴宾客、庆祝、舞会、放烟火等来抵偿他们心中的恐惧。"

"真是夸大狂啊！"

"黄金年代也有它的背面。王公们互相攀比，一个比一个讲排场，想要抽身出来、置身于外越来越难了。他们的影响力可能很快就会丧失，所以要抓住一切机会举办庆祝活动——不管由头是多么微不足道，从生日到下葬，什么都要搞得人声鼎沸，持续数天还不够，甚至要好几个月。为此他们不惜倾家荡产。"

"到头来还是老百姓在承担后果。"

"没错，是老百姓承担后果。但在他们穷困、压抑、受尽煎熬的生活中，他们也需要那种大肆的挥霍——他们可以旁观，这确实是他们的权利。他们可以目瞪口呆、赞叹不已，甚至可以以这种极有限的方式'享受'豪华奢侈，在饭铺、酒馆、农舍里久久地回味、讲述、议论，这就是他们的牺牲换来的报酬；他们觉得，在上帝安排的世界秩序中，这是理所当然的。"

"人们居然相信如此的不公和荒谬是上帝的旨意，这种情况还要持续多久啊？"

"还持续了一百多年，再往后，讲排场的时代就过去了。"

"'巴洛克'这个词到底是什么意思呢？"贝蕾妮克问。

"它本来指的是没有完全磨圆的珍珠，其引申义就是'怪诞的艺术'。"

"怪诞？"

"这指的是巴洛克艺术是对文艺复兴时期古典观念的反动。在文艺复兴时期，人们追求完美，自然被视作最伟大的教师，它意味着清晰的线条、明亮的光、高贵的人、美丽的女性。"

"您指的是圣母像！"

"随着文艺复兴而来的巴洛克反其道而行之，不厌其烦地追求繁复、矫饰、奢华富丽、在色彩上玩花样，另外还疯狂地纵欲，追求一切畸形、怪诞和病态的东西。"

第一位明星出现在即兴喜剧中

"请您再说一点妇女的情况，塞内克斯。"

"这方面可说的多着呢，"塞内克斯回答，"妇女的地位在十七世纪也没有太大的改变，她们依然受到压迫，只有少数几个例外。十六世纪末的时候，伦敦有些妇女在书籍的出版、印刷、销售方面取得了成就，但实力雄厚的大书商想尽办法要挤垮她们，于是有些寡妇会和她们的伙计结婚，从而把生意做下去。但无论如何，那时要挤垮女人已经是不可能的事了。日子最好过的是出身富裕或有声望的家庭的女子，她们可以在艺术、文学甚至科学方面有所作为。16 世纪 70 年代，妇女可以登台演出，我认为这是妇女解放的一幕。"

"在哪儿登台，塞内克斯？"

"据我所知，第一个女演员是一个意大利女子，她在巴黎首次登台。她名叫伊莎贝拉·安德烈尼，在即兴艺术喜剧中获得了成功。"

"那她大概就是那一长串戏剧、电影明星中打头的一个了，不是吗？"

苦　力

斯特凡说道："这毕竟是例外，普通手工业者家庭的日常生活又是怎么样的呢？"

"自古以来，手工业都要搞分工。男人制造物品，这是他通过多年学徒生活学会的手艺。女人则主管家务，照管孩子和学徒，为订货的事情操心，用背篓把作坊的产品背到市场上去，或者走街串巷去叫卖，大多数小本生意往往就靠她们的聪明和三寸不烂之舌。"

"那么农村的情况呢?"

"出身于底层的妇女要能找到个工作,就可以说是够幸运的了。"

"什么工作?做女仆吗?"

"是的,这可是件辛苦事。农村还存在着农奴和依附农,不管主人仁慈与否,他们到老都得对其俯首帖耳。女佣的生活就更凄惨,繁重的劳动往往让她们筋疲力尽,因此有很多女仆从一个地方迁到另一个地方,希望能找个好点的活计,就这样一直找,一直失望,几乎处处受到虐待。有时她们也奋起反抗,但通常不会有结果,境遇反而更加糟糕。许多人指望通过结婚求得一点点独立,但这种'升级'也大为可疑,因为只有极少数人能找到一个不把她们当牛做马、榨干血汗逼到崩溃的丈夫。即使是在坐月子的时候,她们也不能休息。作为妻子和母亲,沉重的工作压在她们身上,要为全家和仆役做饭、养育孩子,而且往往住在摇摇欲坠的房子里,地方很小,却挤着很多人,周围是一片污秽,凌乱又肮脏。她们得在泉边冰冷的水里洗衣服,在家里、牲畜棚里操劳,纺线织布,外加帮着干田里的活儿。"

"那男人呢?"

"男人主外,耕地、种田,还有放牧——如果女人不管这事的话。"

"难道连一线希望、一丝慰藉也没有吗?"贝蕾妮克迟疑地问。

"可能大农庄里会有。如果女人赶巧了嫁得不错,或者出身于一个大农庄，那她们就用不着做工做得那么苦了。虽然在大农庄里也有分工，但主妇有帮手和仆役去干那些重活，有时她只需监督监督、发号施令就可以了。如果有自由支配的时间，主妇可以进行社交、阅读、编织、学习知识，也可以请客、交际、举办节庆活动；运气好的甚至可以成为家庭的中心，提高家庭的声望。"

"您指的是她们的丈夫的声望吧？"

"也包括这个！"

"那是个什么样的时代啊！"

"这样也就可以理解为什么妇女也在寻求一个更好的世界了。1620年11月，第一批女性移民（共二十八名）乘'五月花'号从普利茅斯港出发，前往北美洲。她们是英国清教徒，因信仰问题而背井离乡。"

跳跃的音符，富丽的和弦

贝蕾妮克还想问些什么，可塞内克斯已经指向了西方。那边驶来一支船队，船上点着灯火。它们顺流而下，打头的是摇桨的小船，里面坐着举火把的人，后面是稍大的平底船，其中的一条上灯火辉煌，映在水中。起初，一切还是无声地进行着，但等船队越来越近后，岸上的不远处突然乐声大作，号角声、隆隆的鼓声、弦乐奏出的华美音符似乎把夜都震得跃动起来。

"你们现在听到的是格奥尔格·弗里德里希·亨德尔的《水上音乐》,看到的则是皇家的豪华游船,周围簇拥着贵族的船只。我又超前了,但我向你们保证,我们还会回到十七世纪上半叶的。"

贝蕾妮克只知道听音乐了,她觉得咏叹调、布列舞曲、号管舞曲、小步舞曲之间的间歇都充满了乐音,黑暗成了音乐,星斗成了音符,每个空气分子都吸饱了音乐。那音乐声如潮水一般,一忽儿退下去,一忽儿又涨起来,最后一切又都幻化为新的乐音瀑布。

贝蕾妮克闭上眼睛,头向后仰起,眼前似乎出现了一个烛光照亮的大厅,有舞者在那里随着音乐的节拍翩翩起舞,身体仰合旋转,脚步时前时后,手臂时举时落,洒了香水的丝绸料子在地板上掠过。

这幅图景突然又破灭了。原来是人们放起了烟火。随着花炮在空中炸裂开来,夜空显得更加黑暗。那些烟火之花一朵接着一朵竞相开放,又一朵朵地黯淡下去、垂落下来。远处城市的屋顶和塔尖都被照亮了,绿色、蓝色、红色的瀑布飞流而下——这是向国王致敬的烟火。

塞内克斯突然打断了此情此景。"赶快上床睡觉吧!明天我们还要再打开今天这本书呢,只不过要往回翻几页。"

"翻到哪儿?"

"不在伦敦,在南方,隔着英吉利海峡。"

第七天
尼德兰的荣光

航海家和商人，艺术家和思想家

在尼德兰

第二天早上，睡足了觉的贝蕾妮克从楼梯上跑下来的时候，塞内克斯正打开门，和罗曼、斯特凡往外走。一个广场出现在他们面前，右侧以一条人工运河为界。运河另一岸上葱郁的榆树在河水中投下它们的影子。一座窄窄的小桥像拱起的猫背一样架在河上，桥下，天鹅优雅地伸着脖颈在水上浮动，听得见嘎嘎的鸭子叫、咕咕的鸽子叫，其间还夹杂着鸟鸣，远处传来悠悠的钟声。

"我们是在荷兰吗？"

塞内克斯点点头。"这个城市没有确定的名字，我叫它模斯特丹。它是尼德兰许多城市的混合体，因为如果不这样的话，我们今天就得不停地换地方。也就是说，我们现在想到哪儿就可以到哪儿，阿姆斯特丹、海牙、哈勒姆、鹿特丹、乌得勒支、格罗宁根、莱顿——这并不重要,不管怎么说,我们是在从西班牙的统治下解放出来的尼德兰,甚至包括佛兰德,虽然它当时仍属于西班牙。"

铺石路面的广场四周,房屋一幢紧挨着一幢,连个空隙都没有,而且幢幢都很窄。立面是赭色或红色的缸砖,窗户上白色的栏杆使它们显得生气勃勃。此外还有石膏花饰以及各式各样的三角墙,它们往往呈阶梯形,房子都不超过三四层。房顶之上是明亮的蓝色天空,云像新洗过一般,被风撵着匆匆飘过。

"是尼德兰没错,但是在什么年代呢?"斯特凡纳着闷儿。

"这是尼德兰的繁荣时期,我们又往回跳了一段。此时的荷兰共和国是地球上最成功的贸易国家,它的帆船远达澳大利亚、北美洲、印度尼西亚、挪威的斯匹次卑尔根群岛、拉丁美洲的库拉索岛和南非。除了少数几个例外,可以说它统治了全世界。它建起一个个贸易站,目的是剥削和奴役原住民,也正是由此,荷兰的财富持续增长。——现在进去吧,我们要吃早饭了。"

地球上最成功的贸易国家

大家吃饱肚子以后,塞内克斯继续讲述,试着为他们理清一团乱麻似的尼德兰历史。北部的七个省于 1579 年摆脱了西班牙阿尔瓦公爵①的统治，随着乌得勒支同盟的成立获得了独立，而南部的佛兰德仍被西班牙占领着。统一的语言区被分割成了两个不同的政治、宗教地区，属于西班牙的部分是信仰天主教的，尼德兰则信仰新教，主要是加尔文教派。

塞内克斯讲道："尼德兰人是冷静而讲求实际的商人，卡尔·马克思后来对他们的殖民经济有过严厉的批判，称其为背叛、行贿、暗杀、卑鄙的写照，称荷兰为十七世纪典型的资本主义国家。但另一方面，尼德兰从西班牙宗教裁判所的控制下解放出来，变得开放，人们获得了一定程度的自由，只是还受到狂热的新教徒的干扰。但人们毕竟感到了一种无拘无束的氛围，可以举行集会，发表见解，并将其付印出版；他们生活在一个独立的共和国里，受到国民军队和雇佣军的保卫。阿姆斯特丹尤其具有这种两面性：它一方面有很多重要人物，富于思想和实验精神（要知道，最早的望远镜和磨制玻璃镜片就出自荷兰），人们在这里搞投机，建起了一个交易所，出海远行；另一方面，这里又盛行着加尔文教派的狂热和狭隘，加尔文主义从本质上来说是严格的，而它的教规也是如此。"

"投机和交易所——我猜这两者都和郁金香有关系吧？"

"关系太大了。人们像发疯了一般搞郁金香球茎投机，谁都可以到交易所去参与郁金香的交易；一夜之间，乞丐可能会暴富，百万富翁也可能倾家荡产。很快就出现了空头买卖的情

---

① 阿尔瓦公爵，西班牙王国历史最悠久的公爵封号之一。

况——不管是买主还是卖主,根本没人见到他的郁金香球茎。但正是通过郁金香球茎,证券交易所兴旺起来。在这种气氛之中,人们对那些在其他国家和城市里待不下去的少数派也比较宽容,比如由于政治或宗教问题而遭放逐的英国人、法国的胡格诺教徒。这些人的到来扩大了自由思想者、学者、出版商、印刷商的队伍。他们建立了自己的协会、俱乐部,还有类似于共济会的组织。最后到了一种什么地步呢?是否能取得成功成了道德评价的标准,那些没有成功的人会被成功的人视为落伍者而遭到唾弃。伦勃朗就是这样孤独地死去的——他破了产,被排挤出了圣路加公会(一个画家、木刻家和铜版雕刻家组成的联盟)。谁要是贫穷,那就意味着上帝背弃了他。"

"这就是基督教的博爱!"斯特凡嘟囔了一句,"我想耶稣曾劝人要守贫!"

塞内克斯皱起了眉头:"咱们先不要争论吧。尼德兰的公民毕竟得到了公民自由和一定程度的宗教自由,这吸引了很多人。大概有三万五千名移民迁进了这个新生的共和国,主要是商人、艺术家和手工业者。加尔文主义促进了资本主义的形成,尤其是加尔文还使利息合法化了。阿姆斯特丹港几乎不比伦敦港差,那里桅杆林立,库房都装得满满的。来自很多国家的海员来来往往,操着不同的语言。这一切和那位有作为的执政者的设想真是太合拍了。"

"执政者?"

"就是奥兰治的威廉亲王。你们大概知道歌德的悲剧《哀格蒙特》吧，里面的威廉亲王是个起主导作用的人物（虽然歌德的创作并不一定完全遵循历史的真实）。不管怎么说，加尔文主义切合所有人的构想，也很合商人的意。另外，人们也敢按自己的需求去阐释《圣经》而不觉得羞耻。"

"这倒不让我觉得奇怪，直到今天都是这样的嘛。不过您能举个例子吗？"

"比如从《圣经》中得出结论说，海盗行径不是一桩罪恶——要知道当时海盗可是很猖獗的。人们的目的只有一个，那就是赚钱，其他一切都要服从这一目的。靠着这股劲儿，尼德兰成了世界强国。"

吃过早饭，塞内克斯催大家上路："我们要跨过政治意义上的国界了——当然只是在进化公园里，而且仍留在尼德兰语言区内。因为这个，人们也把我们马上要去拜访的那位大画家称为尼德兰人，虽然他一生的大部分时间都生活在西班牙统治下的佛兰德的安特卫普。佛兰德和尼德兰的宗教信仰不同，一边是罗马天主教，一边是宗教改革的加尔文教派，其文化的发展也很不同。鲁本斯、伦勃朗、凡·戴克和弗兰斯·哈尔斯，他们的艺术相互对立，不过我们还是可以把他们放在一章中。"

丰沛流溢的形式和色彩

他们慢步走过广场。孩子们在奔跑玩耍，女孩都穿长裙，男孩则穿扎脚灯笼裤。路上有很多身穿黑衣的人，有的停下来聊天，还有几个先生佩着剑。

有着阶梯形山墙、立面窄窄的房子全都粉刷得十分仔细，彼此连接在一起，墙缝抹得细致入微，构成几何图案。露天台阶的栏杆是熟铁做的，十分漂亮。

塞内克斯和三个年轻人跨过小桥，沿着运河走在榆树荫下。

"这儿住着手工业者和商人。"塞内克斯说着。穿过一条宽阔的大街，他们来到一座富丽堂皇的房子前。房子一层有一条宽阔的敞廊，大门两侧立着两个浅色的半裸体巨人石像。一名身穿绿色制服的侍从在大门处迎接他们。他默默地点头鞠躬，引着他们穿过一条走廊。这条走廊又宽又高，一辆马车可以从容地进去。房子的穹顶之后又是一个宽敞的内院。

"这简直是个小宫殿嘛！"贝蕾妮克惊叹道。

"彼得·保罗·鲁本斯是个富人，不久后他还会给自己买一座城堡，并获得贵族称号。他不只是个画家，也是个外交家，热心于维护和平。他和许多王公、主教有私交，被众星捧月一般地恭维着，订单多得只靠他自己都完成不了。他的画室像一个小工厂——或者说，像一个有很多伙计的工场。"

鸽子在窗棂上咕咕地叫，圆形的彩色玻璃窗反着光。

侍从引着他们穿过院子，走向宽大的大理石台阶，他们的脚步声清晰地回响着。

大师的画室在二层，俯瞰着内院。从外面看，它的门就够雄伟的了，而等他们迈进去的时候，里面空间的高大更令人惊讶。

"多大的大厅啊，"罗曼小声说，"还有这上面的阳台……"就在这内阳台上，有一支小乐队正在奏乐，主要乐器是小提琴和大提琴，由一架羽管键琴伴奏。厅里是数不清的画架，每个画架前都有一名画师在工作。

"他们是大师的学生和助手。"塞内克斯解释道，但马上又住了口，因为一个上了年纪、身材不算高大的人从一张画布后面走了出来，走向旁边的画布，就这样一张一张地看过去，给画师们讲解，他自己也不时地拿起画笔补充一下、改一改，再指点接下来该怎么做。

塞内克斯鼓励三个人再往里走走，走过那些完成了一半的或刚刚开始创作的画。贝蕾妮克不喜欢那些画，那些扭曲的身体一点也不符合她的苗条理想，瞧那肥硕的臀部！另外那些历史场面和圣徒人物也让她觉得很陌生。

斯特凡顺着墙根溜达着，地上成行地摆着画完的作品，有的是摞在一起的。他揉揉眼睛，摘下眼镜，擦一擦，再戴上，嘴里嘟囔着："这样也好不到哪儿去！"罗曼却被一幅肖像牢牢吸引住了，在他看来，这幅画可与众不同。画中是一个美丽的年轻女子；她坐在窗边，拨着琉特琴，阳光落在她闪亮的金发上。

紧接着大师走上前去，他宽宽的脸盘上皱纹满布，一对眼睛在狡黠地闪动——它们习惯于眯起来仔细观察。他的鼻子向上耸起，好像不愿意跟嘴唇上那两绺尖尖的胡子离得太近。鲁本斯身上裹着件棕色的天鹅绒外衣，分成很多层的白色领子很宽大，一直垂到肩膀。他审视自己的作品时，下巴向前伸去，这下他梳理过的小胡子便耷拉下来。

塞内克斯从后面把一只手搭在罗曼肩上。"美丽的弗洛拉，"他耳语道，"弗洛拉是罗马的花神和青春之神。"罗曼点点头。贝蕾妮克和斯特凡走过来的时候，塞内克斯看出他们都兴趣不大，便说："除了西班牙的委拉斯开兹（他用冷静的目光为马德里的西班牙王室画像，也画宫廷小丑、侏儒等社会的边缘人物），鲁本斯是当时欧洲最有名的画家。鲁本斯是巴洛克时期绘画艺术的典型代表，所以有'鲁本斯时代'的说法。他丰沛的色彩和大胆的构图从某种程度上说是对巴洛克的概括，仿佛将巴洛克的光芒收集在了自己的棱镜中。我承认，他对我们来说已经有一点陌生了，但作为布鲁塞尔的西班牙执政者的宫廷画家，他是一位杰出的艺术家，单从作品数量上来说就够惊人的了——约有三千幅。"

"他要是个作家，人们会皱皱鼻子，不屑地说他不过是个'多产作家'，"罗曼喃喃说道，"而现在您说起他，就好像他是那个时代的化身。"

"他确实是。"

"但是肯定有艺术家经历着不同的命运，以他们各自的方式反映那个时代。"

"当然，罗曼，我们会结识其中一位的。"

他们很容易就找到了走出房子的路。塞内克斯引着他们穿过一条狭窄的小巷，解释说："我们现在离开了布鲁塞尔，再回到荷兰去。现在，模斯特丹就是阿姆斯特丹。"

在一个通往港湾的小广场上,看得见悠闲的男人、溜达的狗、晒太阳舔着毛的猫。海鸥在空中呼叫,燕鸥从桅杆旁滑翔而过。

离堤坝几步远处有一所屋顶倾斜、摇摇欲坠的小房子。"我的天,真可怜!"贝蕾妮克叹了口气。

"这和鲁本斯的大宅相比当然是天壤之别了,"塞内克斯站住了,也阻止三个年轻人继续往前走,"但这里住着造型艺术领域中最伟大的天才之一,他也是一位画家。我们就待在外面吧,我觉得在他穷愁潦倒的时候去拜访不太合适。"

"我猜您说的是伦勃朗。"

"对。他体现了巴洛克绘画的高潮——不,肯定不只是巴洛克绘画,他的意义远远超出这一点。或许我应该说他的意义更加深刻,深入人的灵魂。大概没有人比凡·高表述得更好了:'伦勃朗如此深入隐秘之境,他画的东西在语言中是找不到对应词汇的。'"

笼罩着神秘气息的画

"伦勃朗 1606 年生在莱顿,他父亲是莱茵河边的磨坊主,因此他的名字是凡·莱茵,全名是伦勃朗·哈尔门松·凡·莱茵。他死于 1669 年。"

"这只是平淡无奇的数字罢了。"

"——尤其是相对于他的杰出成就和令人动容的生活来说。

在我看来，伦勃朗的伟大之处正在于他从不只反映事物的表面，而是深入不可见的精神层次，去反映性格或本质。他的画上似乎笼罩着一层神秘气息，令人难解，却又感人至深——他在光影效果方面进行了许多实验，最后几乎达到了尽善尽美的地步，这也是他的激情所在。他也许是画家中最伟大的心理学家。1631年他在阿姆斯特丹安下家，从此就几乎再也没有离开过那儿。"

"一开始他不是取得了很大的成功吗？"

"那时他算是最伟大的画家。他日子最好过的时候住在犹太区，许多有识之士聚集在他的家中。他还和不同的宗教派别、协会有联系。在意大利文艺复兴的影响下，他将带有某种地方狭隘性的荷兰艺术提到了极高的境界。"

"我了解的主要是他的《夜巡》、母亲画像和一些自画像。"

"《夜巡》是他最有名的作品，却不是最重要的。画中表现了一队射手的出行——过去从来没有一个人敢于像他这么大胆任意地画一组人物。他画的不是僵硬的制服，而是活跃的生命。伦勃朗偏爱表现人，不管是单个人还是一群人。他总是寻求现实的、戏剧性的东西，而不是美的、和谐的；他也从不将模特理想化。"

"这惹恼了别人吗？"贝蕾妮克问。

"至少是得罪了当时占统治地位的观点。他的委托人把画退回来，改让别人画。伦勃朗画《夜巡》时，他挚爱的妻子萨斯基亚刚生下他们的第四个儿子蒂图斯，生产的过程令她生命垂危。他们的前三个孩子也都死了。"

"真可怕！"贝蕾妮克喃喃说道。

"当时的每个家庭里都有孩子夭折的事发生。随着萨斯基亚的死，伦勃朗开始破产——他的艺术生涯大概也是这样。他画的母亲像具有一种独特的魔力，画中展示了一个正在读书的老年妇女。"

"这么说她识字！"

"是的，她因生活和痛苦而疲倦，便从那本大厚书里寻求安慰。我们很容易看出那是本《圣经》，因为伦勃朗把老妇正读着的地方也画得清晰可辨。老妇人那布满细纹的手停在《圣经》上，也许从前她就是这样抚摩他的儿子，而这个儿子的天才是那个磨坊主家的普通主妇所无法理解的。萨斯基亚死后，伦勃朗日益缩回到他的孤独之中，他大部分时间都在大自然中作画。他用版画和素描表现阿姆斯特丹周围的景色，这些风景不是点缀、陪衬，而是独立的描绘对象。"

"他好像画了很多自画像吧？"

"他可能画了六十幅甚至上百幅自画像，大概没有哪个画家留下的自画像比伦勃朗更多。我只想介绍其中一幅——他把自己表现为圣徒保罗的那幅，也是最动人的一幅。他作画时只有五十五岁，但我们看到的是一个多么苍老的人啊！他认清了这个世界，认清了人，不再抱任何希望和幻想，他简直就是绝望的化身——同时似乎又在微笑着俯瞰所有仍在心中构筑幻想的人。他深色的眼睛抓住了我们的心，与他手中的书一道言说着，告诉我们他已经逃向了人类最后的避难所。"

"您指的是精神,对不对?"贝蕾妮克小声问。

"伦勃朗临摹了自己的整个生涯,从青年时代的他到被人遗忘、疲惫不堪地站在死神门槛上年迈的他。面对债主,他的儿子和新妻子亨德里克耶·施托费尔斯努力保护着他。"

"亨德里克耶·施托费尔斯?"

"她本来是以女仆的身份进他的家门的,但很快就成了蒂图斯的母亲。蒂图斯十七岁时,他们两人共同开了一家艺术品商店,以此供养伦勃朗。困境之中,他只好搬到眼前这所破烂的小房子里。多亏了亨德里克耶,他的晚景才不至于一片悲惨。她为他生了一个女儿,名叫科尔内莉亚。他又画出了几幅伟大的作品,为亨德里克耶和蒂图斯画了充满柔情的画像。然而,亨德里克耶也在他之前就去世了,那是 1662 年。"

"那以后他就完全孤独了?"

"差不多,因为蒂图斯也死了。最后这位已经疲惫不堪的人和科尔内莉亚及一个老女仆生活在这所冷清破烂的小房子里。他留给女儿的财产,不过是画具、床、被子、衣服、手帕、硬币和《圣经》。但这位西方绘画中最伟大的天才之一为我们留下了无与伦比的作品。"

烘焙咖啡的香气

他们继续漫步向前,走到了市中心。刚才还是小港口荒凉忧郁的景色，现在他们又穿行在铺着石路的巷子里。太阳和风雨在房子红色的石头和白色的窗栏上画出了细致的痕迹。

"我喜欢这个城市。"贝蕾妮克说。

他们走到了一座教堂前。教堂的顶上铺着石板瓦，还有一个顶部像洋葱头的钟楼。塞内克斯让他们往里看一眼。"你们看到的是被加尔文教派的破坏圣像运动一扫而空的教堂。"

一切都平淡实在，没什么吸引人的，但整个教堂里充盈着透过毫无装饰的玻璃窗泻进来的光，建筑的结构由此更加明朗了。教堂里空阔冷清，只在祭坛那儿有一男一女在聊着什么；他们身穿黑衣，像参加葬礼的客人。

"尼德兰的手工业者用这一建筑证明了他们的能力。"塞内克斯压低了声音说，"另外，尼德兰人在造机器、船只和堤坝方面的能力也是无可匹敌的。"

他们继续往前走去。周围越来越热闹，店铺里陈列着来自西印度和神秘东方的稀奇物件，包括瓷器。空气中流荡着充满异国情调的香料味道，其中就有焙制咖啡的香气。在他们面前豁然出现的广场上，一家店的老板把桌椅摆在了树荫下；男男女女各色人等坐在那儿，有学者、律师，也有海员，土耳其语、撒拉逊语、西班牙语和葡萄牙语等各种语言响成一片。

塞内克斯带着他们走向一张桌子，点了咖啡。新鲜的咖啡盛在一只赭色的壶里端上来，此外还有四个没把儿的大肚儿瓷杯、掼奶油和冰糖。

塞内克斯点头示意他们看那些东方打扮的人，一边呷着咖啡一边说:"这些外国人不想放弃他们喝惯了的饮料。"

铺着红赭色石路的广场上生机勃勃,大多数人都穿黑衣服,只有一个身材秀气的年轻男子引起了贝蕾妮克的注意。他穿着绿色紧身上衣,下面是骑手穿戴的靴子和马刺,一条宽得夸张的皮质绶带斜挎在身上,上面挂着一柄剑,晃晃悠悠的,银色的末端时不时触着地面,一根硕大的羽毛插在他的宽檐帽子上。

"好一只猴子!"贝蕾妮克嘟囔了一句。

塞内克斯笑了:"看错人的事有时是免不了的!我正要请你们注意观察这个小'公子哥儿'呢,因为我们这就要讲很多关于他的事。当然,你们还不知道他是谁!"

"您就别吊我们的胃口了!"

"为什么不呢?他拥有欧洲最聪明的脑袋之一——不仅是在他那个时代,而且是在数百年间,也许可以把我们的时代都算上。"

"什么?就是这位吗?不可思议!"

"不信也得信——你们看到的是勒内·笛卡尔!"

"那就怪不得了!"斯特凡惊讶得皱起了眉头,"我可得赶快擦擦眼镜!"然而他没把眼镜摘下来,而是眯起眼睛,伸长了脖子。"笛卡尔——就这么个小人儿!"

"当心!"塞内克斯把手放在他的胳膊上,"他是个出色的剑手。这会儿他正在和艾萨克·贝克曼谈话,贝克曼是尼德兰医生、哲学家、数学家、多德雷赫特教会学校的校长。他那时也低估了笛卡尔,倨傲地对待他。但不久后,贝克曼就成了笛卡尔的仰慕者。"

只见一个正经八百的人正在规劝着笛卡尔,他那一丝不苟的黑衣服和白色的尖领证明他是加尔文教派的。

两个人说着话,渐渐走远了。

他们消失了以后,塞内克斯敲了敲他的咖啡壶:"现在说说咖啡吧。可以说随着它的出现,文化史的一个新时代开始了,至少是出现了社交的新形式。"

"人们是怎么知道咖啡的?"

"我们对咖啡的认知是从伊斯兰教国家传过来的,而伊斯兰教国家的咖啡又源于埃塞俄比亚。最早很可能是威尼斯商人在君士坦丁堡(也就是今天的伊斯坦布尔)认识了咖啡。1642年,第一家咖啡馆在威尼斯开张,随后,咖啡馆、咖啡屋便在所有重要的港口城市接二连三地开起来,包括伦敦、马赛和汉堡;正像咖啡迅速受到人们的青睐一样,它们的增长速度快极了,在十七世纪末,仅伦敦就已经有了两千家咖啡馆。"

"我还以为咖啡是从维也纳传过来的呢!"

"维也纳的第一家咖啡馆是1685年开张的,那里咖啡馆的发展确实格外兴旺,简直成了一种独特的文化。"

"约翰·塞巴斯蒂安·巴赫还写了《咖啡康塔塔[①]》!"

"对,但那是在莱比锡,不是在维也纳,罗曼。1671年就已经出版了第一本关于正确饮用茶、咖啡和巧克力的书。"

---

① 康塔塔(cantata),包含多个乐章的大型声乐套曲。

两位上了年纪的先生从他们身旁走过，他们说的是拉丁语。

"欧洲所有受过教育的人都可以用拉丁语进行交流，不管是哪个国家的。这对我们的文化来说好处太大了，怎么说都不过分。但还是回过头来说咖啡吧——即使是在路易十四的巴黎，它也不仅仅是一种时髦行为，而是一种'瘾'，什么也不能和咖啡媲美。除此之外，还有很多地方的人试图用它来抑制酒瘾。"

"它怎么就变得如此受欢迎了呢？"

"通过咖啡馆啊！咖啡馆获得了重大的社会意义，因为不同来历的人都可以在那里抛头露面，那儿的气氛是中性的，和酒馆里可不一样。因此在法国，人们也把咖啡馆称作'bureau d'esprit'，翻译过来可以说成是'思想会聚的地方'。在那儿，你对自己的感觉很好；你来了，而且还会来——聊天、谈生意、写信、思考、作诗、读报、玩耍、密谋。根本没法说清有多少秘密组织的间谍是在咖啡馆接头的，又有多少次革命和暴动是在咖啡馆中发起的。"

"而且一直到现在还有——至少我这么猜。"

"可以这么讲。咖啡馆成了诗人、艺术家、记者、政治家碰头的地方，此外喝咖啡的习俗还促进了沙龙的形成——在沙龙里是聪明的女子说了算，因此妇女能够得到解放不应只归功于启蒙和宽容，也得感谢咖啡，甚至更该感谢咖啡！"

"塞内克斯，您对咖啡简直是赞不绝口！我可不能想象妇女真的欠咖啡这么多情。"

塞内克斯抿嘴笑了："等着瞧吧，贝蕾妮克，我还有另外一个小故事要讲给你听呢。"

笼子里的女学生

塞内克斯向后一靠，半晌才说："1607 年到 1678 年，在这个我们现在称为乌得勒支的城市里生活着一位博学的妇女，名叫安娜·玛丽亚·冯·舒尔曼，人们称她'乌得勒支之星'，或'尼德兰的萨福'。不过萨福是一个女诗人、女歌手，而安娜·玛丽亚·冯·舒尔曼虽是位令人惊异的女性，二十七岁时就比许多学者还要了解科学和艺术，但她没那么有文学天赋。不错，她也写诗，也受过音乐和绘画方面的训练，但她更擅长数学、经院哲学、自然科学和神学，以富有学识的谈吐而闻名。她喜欢辩论，据说掌握十门语言。她的聪慧让她获得了一项特别许可——在莱顿大学听讲座。"

"有什么不一般的事，塞内克斯？"

"你马上就知道了。人们在授课的大厅里安置了一个笼子——特地为她准备的，好不让别人打什么歪主意！"

"这真是太过分了！那她就像只动物园里的猴子似的坐在栏杆后面吗？"贝蕾妮克脸都气歪了。

"她坚决地表达和传播自己的观点：女性基督徒应该拥有上大学的权利。为此她还写过一篇论文。"

"男人们有那么严重的偏见，她肯定是白写了。"

"但瑞典女王克里斯蒂娜愿意听她的话，两人有书信往来。"

"您讲讲女王吧！"

"以后再讲，让我再就安娜·玛丽亚·冯·舒尔曼说最后几句。晚年的她成了虔信主义者，参加了一场信仰复兴运动，我们可以把它称为一个教派！"

"教育不能防止愚蠢，"斯特凡嘟囔道，"但塞内克斯，请您先不要开始新的一章，我认为我们还没说完尼德兰的绘画。为什么偏偏在这么小的一个国家里出了这么多著名画作呢？而且几乎都不是宗教题材，别的地方可不是这样，对吗？"

"你说得对。我们能够了解当时人们的生活，正是要感谢尼德兰绘画。"

为兴旺的资产阶级服务的艺术

"鲁本斯在安特卫普，主要是为王公、总督作画，而尼德兰的绘画则主要受到处在上升期的资产阶级扶持。尼德兰成了新世界的中心，在这不平静的铺石路面上，艺术家也从老榜样的束缚中解放出来，因为这里已经没有宫廷和宫殿，也就没有宫廷画家了。一方面，新教徒不再向画家订货，因为他们要的是朴素的教堂；而另一方面呢，市民阶级需要画家为他们画像——群像、室内画、风俗画，还有大自然！人们想要的不再是宗教题材的画，而是展示农民站在他的茅草屋前，或者喝得醉醺醺、抽着烟的人的画，想发迹的先生们也想要给他们的家人画像。"

"也就是日常生活中的人！"

"是随处可见的人。画家们简直陶醉在这样的自由中。他们用全新的眼光打量街道，发现了许多新的题材。现实中充满了惊奇。"

"也充满了挑战！"

"外科学成了时尚，解剖学课程开设起来，射击协会经常亮相。每个市民，只要有能力，就会装饰他的住宅和工场。为此，游戏的儿童、砖顶房子、在窗前读恋人来信的姑娘都被表现在画布上。"

"那是代尔夫特的维米尔画的！"

"……喝醉酒的农民……"

"那幅是彼得·勃鲁盖尔画的，人们叫他农民画家勃鲁盖尔！"

"……还有滑冰的快乐！"

"啊，这回我想不起来是谁了！"

"是亨德里克·阿弗坎普。这些艺术家表现他们的时代和他们周围的人，你们要想知道那时候人的样子，只要看看弗兰斯·哈尔斯、阿德里安·布劳沃、扬·斯滕等人的画就行了。他们向我们展示了城市、教堂、房屋、起居室，还有手工业者、商人、医生和农民，展示了他们的生活和工作。"

思想的启蒙

一个想读世界这本大书的人

塞内克斯又点了一杯咖啡,问道:"如果你们愿意,我们再把目光转向那个穿绿衣服的小个子男子吧。考虑到他的重大意义,我可不想把他叫作'小人儿'。我们讲尼德兰绘画的时候,时间已经又过去了几年,你们不要再把笛卡尔想象成穿着绿色紧身衣的人了——他过着放荡的生活,主要是在性方面。"

"一个卡萨诺瓦[①]?"

"可以这么说,但他的意义比卡萨诺瓦重大多了。"

"笛卡尔怎么会在尼德兰呢?他应该是法国人啊。"

"他是最伟大的法国人之一,与伏尔泰、拿破仑齐名——当然不是以皇帝的身份,但他像拿破仑一样震撼了世界,震撼了思

---
① 贾科莫·卡萨诺瓦(1725—1798),意大利冒险家、作家,一生中有无数伴侣。

想的世界。勒内·笛卡尔，也可按拉丁写法称雷纳图斯·卡提修斯，1596年出生在图赖讷。他的家庭属于小贵族，拥有一个庄园，这虽不至于让他成为巨富，但也足以使他一生衣食无忧。然而，他非常厌恶自己的父亲——一个坐在议院里的法院顾问，身披红袍，这样就能隐去衣服上那些被他施以酷刑并被处死的可怜人的血迹了。当时，议院、民事法庭、刑法及上诉法院在迫害所谓的巫师和巫婆，他们进行大规模的集体行刑，有时候一天里就点起四百个火刑堆。还是学生的笛卡尔向学校里的学长倾诉了他对这一切的憎恶。法国教会更希望能对这些'魔鬼的牺牲品'施行'驱魔术'，而世俗的法官却对此置之不理——也是奉了国王的旨意，当时的统治者是亨利四世。"

"亨利四世？就是那个'好国王'吗？"

"他曾尝试推行宗教宽容政策，但那犹如走钢丝绳一般危险，他失败了。你们也许知道他的名言——'星期天每个法国人的锅里都应该有一只鸡'。"

"这是什么意思？"

"这在我们听起来没什么了不得的，我们每天都可以有烤仔鸡吃，但在这位国王所处的时代，食物匮乏，经常闹饥荒，所以他提出的是一个革命性的要求呢。笛卡尔十四岁的时候，亨利四世被人刺杀了，继位的是路易十三，但一开始由他的母亲玛利亚·德·美第奇摄政。年轻的笛卡尔上的是一所教会学校，并展现出在数学和天文学方面的天赋。他发现了一些无法容忍的错误和矛盾，但受到学校的很大限制，这令他深感无聊，便终止了学业。"

"那他想干什么？"斯特凡这时对这个年轻人生出了好感。

"他不想再读原来那些书了，他要去读世界这本大书。"

"这听起来很泛泛。"

"他学习剑术，被他的父亲送到荷兰去受军事教育，因为尼德兰人战胜西班牙以后获得了很高的声誉。笛卡尔是见习生，得自己操心装备和服务，也不领薪饷，只得到一枚象征性的金币，这枚金币他保存了一辈子。三十年战争使欧洲陷入危机的时候，笛卡尔二十二岁；等这场混乱过去，他只又活了两年。请注意这一点，因为战争中的恐怖体验实际上给他刻下了深深的烙印，就像火烧女巫事件一样，对他的哲学起了决定性的影响。1619年，他到了法兰克福，以不领薪俸的军官身份为拜恩公爵服务，在多瑙河附近过冬，把他的房间烧得过热，做他的梦——或好或坏的梦。"

"那又怎么样？我每天晚上都做梦，可有谁关心呢？"罗曼把身体挪到椅子的前沿上，然后向后一靠——这种懒散的姿势可以让他听得更专心。

我思故我在

塞内克斯微笑了："如果你的梦也起到那么大的作用，五百年后还会有人谈论它的！笛卡尔做了三个梦，前两个告诉他，迄今为止他的生活全都是误入歧途，第三个梦告诉他，从此以后真理的精神将会为他指引道路。他写到，他找到了一个看世界的新视点，一种体验和理解世界的新方法，他自己称之为'inventum mirabile'——一个绝妙的发现。这是人类的一个历史性时刻。"

"听起来太棒了！"

"笛卡尔想要为一门新科学奠定基础，并由此建立一门全新的理论。他确信他发现了世界的模式，找到了解开世界上一切奥秘的钥匙。"

"我们今天不还是在寻找嘛！"

"但这并不能抹杀笛卡尔的功绩。"

"我知道。"斯特凡推推眼镜，"我们永远也无法体验真理，即使偶然找到了，我们也不知道那就是真理——是不是这样？我当然知道笛卡尔的世界模式。"

"他说过一句话——大概没有哪句话比这句让人引用的次数更多了；每个人，即使是根本不了解笛卡尔的，都知道这句话。对笛卡尔来说，那是他存在的不可辩驳的证据……"

"我思故我在。"

"法语是'Je pense, donc je suis'，拉丁语是'Cogito, ergo sum'。这是思想发展中决定性的一步，因为它教给人一种新的思维方式。"

"它也许是重要的一步，但我想可能不是具有正面意义的一步。笛卡尔说的是否有理，如今受到了比以往任何时候都更多的质疑。"

"没有永远正确的真理。"

"我承认，塞内克斯，但它的革命之处到底是什么？"

"笛卡尔说他现在终于有把握了。对他来说，这句话是建立科学大厦坚不可摧的地基，它超出了试验和谬误，能够用数学的清晰总结一切知识。他认为，即使所有的感官都欺骗我们，即使世界上的一切都只存在于人的幻觉之中，这一点仍然是肯定的：我思故我在！在笛卡尔看来，感官是谎言之源，在这一点上他和弗朗西斯·培根相似；培根也坚信真理只有通过实验才能够得到证明。"

"人们批判的恰恰就是这一点，这使得人的感觉和心灵被抹杀了。"罗曼喊道，"如果只有证据算数，那人本身还剩下什么呢！"

"人们确实为此指责笛卡尔，但我现在要说的不是这个。当时他推论说：假如我不存在，我就不能对我自己进行思索。一个能透过现象和存在进行思索的人毫无疑问是存在的。这意味着，确信是从怀疑中成长出来的。笛卡尔把怀疑变成了他的方法，他要通过怀疑抵达真理，他认为，只有能够被质疑的才有可能是真实的。他在对一切人可以想到的东西发出质疑的时候，不得不自问还剩下什么——总得有什么东西是可以让他确信的。他要把一切哪怕稍有可疑的东西都排除掉，将其宣布为谬误。于是他推理出结论：我们可以认为没有上帝，甚至认为我们自己没有手脚和身体，但我们不能认为想着这一切的我们不存在。或者换句话说，即使人怀疑一切，他也可以确信，他的思想证明了他的存在。"

"这些都是他梦到的吗？"

"当然不是。他写了一本薄薄的小书,只有五十页,而且是用法语写的,这在当时的学者中很少见,也给他招来了许多批评。他想要得到不拘泥于旧哲学书的读者,并明确表示自己也想到了妇女。我们知道,那时候女孩是不能上公共学校的。笛卡尔想让她们明白他的意思,让她们有自学的能力。他的《谈谈方法》,直到 1637 年才发表,那时他已经四十一岁了。"

"为什么这么晚才发表呢?"

思考并得出自己的结论

"他的尼德兰修士兄弟为他在莱顿找到了一个印书商。"

"修士兄弟?"

"他加入了玫瑰十字会,但它与今天的玫瑰十字会一点关系也没有。那个玫瑰十字会不传播什么学说,没有教规,但会众有义务遵守一些戒条。我们对这些戒条不感兴趣,只除了一点:他们拒绝一切'错误的知识',希望能根据自己的所见所闻进行判断,从经验出发进行思考,并得出自己的结论。"

"笛卡尔也这样想!"

"就是啊。笛卡尔给印书商二百册书作为报酬。他是匿名出版作品的,因为怕受迫害,伽利略受罗马宗教裁判所审判的事让他不安。他知道自己得和力量强大的经院哲学做斗争,也知道这有多么危险。1624 年,他年近三十岁的时候,巴黎的议院就对企图通过反对亚里士多德的物理学而反对经院哲学的人判处死刑。笛卡尔的新方法无异于一纸宣战书。"

"也像是自杀！"

"笛卡尔面临的危险不是一种臆想。1624 年大权在握的黎塞留①脑子里并没想着火刑堆，他有更大的目标，但欧洲的大气候是不宽容的。因此笛卡尔搬到了新教的荷兰，那儿的风气更自由。其他欧洲国家经历摧毁和混乱的年头正是尼德兰的黄金时代，其他地方的禁书在那里出版，印书商和伦敦的一样，同时是出版商、书商和校对。一些重要的印刷厂和出版社就在市政厅附近，它们中的几个今天还存在着。阿姆斯特丹成了进步思想家的避难所，约翰·洛克那些关于宽容的具有突破意义的信件和大量其他作品都是在阿姆斯特丹首印发行的。"

"约翰·洛克？"

"他是哲学家、医生、教育家，新时代的启蒙哲学和英国经验主义的创始人。他生活的年代比笛卡尔晚些，笛卡尔发表《谈谈方法》时他才五岁。笛卡尔清楚地知道占统治地位的经院哲学是科学进步的障碍，所以想要创立一种胜过它的哲学。他用蒙田的一句话作为《谈谈方法》的开头：健康的理性是世界上分配得最好的东西。"

斯特凡叹了口气，皱起眉头："我却只看到理性是世界上分

---

① 黎塞留（Armand Jean du Plessis de Richelieu，1585—1642），法王路易十三的宰相，枢机主教。执政期间取消胡格诺教派的政治特权，惩治叛乱贵族，在各省设监察官，控制地方行政、司法和财政，并奖励工商，增加了财富，也加强了专制。

配得最不好的东西。绝大多数人都太缺少理性，极少的人又拥有太多的理性，只有一小部分的人正合适。"

"尼德兰比较自由，只是因为加尔文主义吗？加尔文主义恰恰是很不宽容的呀！"贝蕾妮克把一绺头发从额头上捋到一边。

"不，绝对不只是靠加尔文主义，你说得对。虽然人们比在天主教的西班牙拥有更多的文化自由，但新教的顽固与天主教几乎不相上下。笛卡尔的一个朋友说神学家都像猪：'你要是拽了其中一头的尾巴，他们全都会号叫起来。'但毕竟有种追求成功的劲头占了上风，荷兰展现了一个商人民族的面貌，精于算计，也可以被算计。笛卡尔自己说：'这儿除了我以外没有人不经商，每个人对自己的利益都那么斤斤计较，我可以一生都待在这儿，也不用担心会被谁注意到。'"

"不被人注意到——也许这就是他想要的吧？"

"玫瑰十字会的弟兄总是关心他、钦佩他、支持他，也会收留没有住处的他。但他不想成为别人的累赘，所以一再搬家、更换住处，大概超过二十次。这也是为什么我之前说没有模斯特丹我们就得不停地换地方。有了模斯特丹，我们就可以一直待在这儿，因为它可以代表尼德兰、佛兰德的任何城市。每搬一次家他都到最近的大学去登记注册，因为他需要那儿的图书馆，也正因如此，荷兰成为他理想的避难所。这里有出色的科学家，普通的农民都能读会写——和欧洲其他国家都不一样。这是伦勃朗和鲁本斯的时代，不过笛卡尔不知道他们，但弗兰斯·哈尔斯在哈勒姆为他画了像。他在阿姆斯特丹有一个爱人，是他的女仆，1635

年盛夏，他的女儿出生了。"

中世纪的物理学仍然占统治地位

"还是再说说笛卡尔的哲学吧。他是最早发现人需要新的思维方式的人之一。占统治地位的经院哲学继承了已有两千年历史的亚里士多德哲学传统，试图将它与基督教学说结合起来，于是科学和哲学背上了神学的包袱，变得迟钝不堪。为了正确评判笛卡尔，我们必须明确一点：那时候占统治地位的还是中世纪的物理学，认为世界由水、火、空气和土四大元素组成，这些元素处在持续的对抗之中。"

"很诗意的设想，但也很幼稚！"

"而且不能用实验的方法检验，那时候不能，今天也不能。"

"我想，除了伽利略，那时几乎没有人做实验。"

"人们辩论起来旁征博引，全是理论，听起来像在背诵《圣经》。"

"而且深信圣灵就站在自己一边！"

"笛卡尔要用他的《谈谈方法》开辟出新的认识道路。他的小书从根本上改变了西方思想的方向，可以说具有划时代的意义。笛卡尔得出一个结论：他必须改进数学。他相信，有了数学的帮助，一切都可以得到解释，不管世界是多么缥缈不定，数学都值得信赖。不管人是睡着还是醒着，二加三等于五总是对的，一个正方形总是只能有四条边。笛卡尔也是一名数学家,很多人都更倾向于把他看作自然科学家,而不是哲学家。尽管如此,他仍然是现代哲学的奠基人。"

"我还记得我们在数学课上听到过他的名字!"

"他也是解析几何的创始人。有 x 轴和 y 轴的直角坐标系是以他的名字来命名的,即笛卡尔坐标系。他改革了代数学,比如引入了我们今天还在使用的幂的写法,如 10 的 2 次方写作 '10^2'。不过,笛卡尔从来没想过为数学而数学,而是始终把数学当作解决问题的工具,而且(我认为这是很重要的)是每个人的工具。"

"我想,他可高估我们这些普通人了!"

"他对正蓬勃发展的自然科学感到振奋,于是想将其数学化。"

斯特凡说:"仔细一想,就会发现'我思故我在'所传达的态度也是无比自豪的。它赋予我们那么多的独立自主,可以说给了我们一种面对自然的新尊严,在那以前我们还从不曾有过。难道你能说'我信故我在'吗?不能,不能,绝对不能!只有思想能证明自己的存在。"

"可我还是不明白他异乎寻常的意义到底在哪儿!"罗曼反驳道。

"我会试着用最简洁的话把它表达出来。笛卡尔的方法就是彻底怀疑一切。只有当一个陈述的证据显然可以排除一切疑问的时候,这个陈述才能被视作真实。因此笛卡尔是从检验陈述的可质疑性开始去探求真实的,他想要建立一个自成一体的世界体系。他想要回到最简单的认识,通过直觉就可以把握。而要达到这种把握，他怀疑一切，单单不怀疑自己的存在，因为他思想——如果他不存在，他就不能思想了。他以此为出发点，宣扬精神实体与其外延（即物质实体）是完全分离的，二者之间存在着一种二元性，正是这一点引发了人们对他的机械论和唯物论的指责。人们说，在笛卡尔主义者看来，世界像是一只钟，其中的一切都精确地咬合，一切都可以得到校正——但这么说其实是不对的。他的书展示了一幅新的世界图景：观察、分析、定理。在他看来，一切都可以看透、可以解释——这虽然是个错误，却硕果累累。在他的论文中，一切都是新鲜的；人们看到的不是充斥着教条的论说，而是对思想历程和个人思索的报告。他用了第一人称，这使他的文章更有人情味。"

"人们还为此指责他吗？"

"他将这历史上最重要的文章之一交给当时的人们，马上遭到了攻击。人们指责他令科学庸俗化，即把科学拉下神坛，变成平平常常的东西。你们肯定还记得，霍亨斯陶芬的弗里德里希二世皇帝是最早用俗语作诗的人之一，但丁的创作不用拉丁语而用托斯卡纳方言，路德把《圣经》译成了德语，笛卡尔则用法语解释他的'方法'。人们责骂他，因为他废除了知识的特权——知识本该独属于掌握拉丁语的精英们，他却使其成为所有人都可以接近的事物。"

现代世界的序幕

"中世纪以来结成的层层硬壳构成了十七世纪僵化迟钝的社会,而笛卡尔的《谈谈方法》是个火种,是一场政治行动,可以说揭开了现代社会的序幕。使用笛卡尔的《谈谈方法》,每个人都可以自学、研究科技,甚至不上学也可以。"

"这我还不太明白。"

"为了获得正确的思想,笛卡尔提出了四个基本准则,这些准则至今仍在法国教育中被使用。第一,只有能够被人清晰认识、毫无可怀疑之处的东西才能被称作真实的。第二,应该将每个问题恰当地分成若干个简单的部分来处理。第三,对于这些简单的部分,必须认识或重构它们之间的关联,先解释其中最简单的部分,再解释较复杂的部分。第四,应该用完全的列举和全面的统观来保证没有漏掉任何问题。小书最重要的部分是最后的十来页:数学将是研究者、科学家、技术人员在今后的三百五十年间即将构建的大厦中最关键的一块石头。笛卡尔认为,人们将会认识到,必然有一门不局限于个别学科的通用科学来探索和解释万事万物;对于他来说,这门通用科学就是普适的数学。"

"可我想,这就是我们批判他的原因,我们不能再用纯数学的(或者说纯机械论的)眼光看待世界了!"

"这的确是人们指责笛卡尔的地方。但你们也要考虑到,那时的人着迷于机器的魅力。已经出现了巨大的天文钟以及最早的怀表,也有仿生自动机(有的能奏出音乐),还有关于机械制造的插图书籍。机械是当时的主角，因此人们很容易认为，人本身也遵循机械的法则。但问题是，很多人都不能超越这最早的变革思想的萌芽。无论如何，身体的功能总比身体与灵魂（或者说身体与精神）之间的联系更容易理解些。我们一直在问：身体究竟是怎么让头脑思想的？在笛卡尔之后四百年的今天，我们虽然相信二者之间的联系，却不清楚它到底是怎么起作用的。"

"我敢说我们现在还一点门儿都摸不着呢！"

"我们今天知道的虽然比以前多得多了，但依然不够。那时候的人们迈出了最初的探索脚步，笛卡尔的功绩就是看到了身体与精神、肉体与灵魂是共同起作用的。但对他来说，有机体是一种机器，直到今天还有些学院派的医学家持这一观点呢。由此，我们可以将笛卡尔看作现代医学之父，这没错。当我们批判这种'机械医学'的时候，我们应该考虑到医学的进步，考虑到疫苗接种、器官移植、人造心脏瓣膜、癌症手术等技术挽救的无数生命。"

"是啊，我想，人不能只要事物好的那一面而完全避开另一面。"

征服自然，重构世界

"三十年战争那无法形容的残酷时时刻刻都印在笛卡尔心上。他热爱人类，想帮助人们，而在他生活的时代，人在像苍蝇一样死去。"

"当然，人想到通过征服自然来帮助人，不能说不是出于人道主义。"

"我们可以指责笛卡尔割裂身体与灵魂、把身体当作机器；但在他看来，身体的机械化意义重大，且有非凡的益处。把身体当作没有灵魂的机器，就可以试着掌握这个复杂的机械装置。"

"像一个钟表匠对待他的表！"

"他还说，人的身体是一种机器，是由骨头、肌肉、神经、血管、血液和皮肤组装起来的，即使没有意志的控制（即使没有精神），它也能够实施一切动作。"

"可这是错的呀！"贝蕾妮克拍着椅子扶手叫道。

"正是通过谬误，我们才一步步抵达真理的。笛卡尔相信，如果用数学、物理学和生物学原理去分析身体的机械构造，人就能够修理它；这与英国哲学家弗朗西斯·培根不谋而合。培根是最早把科学看成征服自然、重新构筑世界的手段的人之一。"

"但一个有机体大于它的各部分的总和——反正我是这么想的。"

"身体是个充满相互作用的复杂系统，但我们的这一认识要归功于关于怀疑、不带任何偏见的思考以及实验必要性的学说。要是没有笛卡尔，或者他的那些才能，我们今天可能还在学究气地辩来辩去呢。"

"人们还是会挨饿，会被瘟疫夺去生命。"贝蕾妮克用怀疑的目光瞟了斯特凡一眼——他说的有道理吗？还是他太低估感觉的作用了？

哲学像一棵树

"我想试着做一个总结性的评价。我们可以把哲学比作一棵树，扎根在形而上学之中，以'物理学'为树干长高，并伸出它的枝枝杈杈，那就是其他各个科学门类；这些枝杈又可以归结为三大领域：医学、机械论和伦理学。因此，也正是笛卡尔在这三方面的理论，给欧洲的思想带来了革命。他的目标不在于论据，而在于方法；不在于可能的原因，而在于对工作的构想和指导。"

"他肯定是个多面手。"

"笛卡尔研究数学和代数，奠定了实验研究和现代科学工作方法的基础。他建议法国数学家、物理学家和宗教哲学家布莱兹·帕斯卡在奥弗涅的多姆山上做真空实验，最后得出了真空并不存在的结论，因为那细小不可见的物质会通过微孔钻入物体。这是对的，因为微粒（它们中的一些是没有质量的）散布在空间中，能钻进最密实的物体里。这是物理学的最新认识。笛卡尔说，光是由小球组成的，它的运动速度无比之快。今天我们知道，光由能量和物质共同组成，而且我们无法确定它的速度是否真的不能被超越。笛卡尔还发明了一种磨制透镜的机器，他宣传和证明了英国医生威廉·哈维关于血液循环的理论，在进行解剖研究时发现了心脏瓣膜——使血液通过动脉和静脉总是向一个方向流动的'小门'。这一学说在医生中掀起了轩然大波。他还说，每个天体都产生并携带一个旋涡，其他天体的旋涡又会使这个旋涡发生变形。他死后的几个世纪，理论家证明了物质能够使空间变形。天文学家已经证实了大多数星系都像流体物质那样做旋涡式的旋转，超星系团（数以十亿计的星系总和）同样遵循这一运动规律。时间与空间的关系也被改写了，物理学家只能用比喻来表达它。笛卡尔说，每种运动都是某种形式的旋转；今天，理论物理学已证明了这一点。由于物质使空间弯曲，光（能量）的运动是曲线运动。天文学家观察到，其他星球的光线在经过太阳时发生了转向。"

"这么说没有'直线'这一说喽？"

"没有，直线只存在于我们的头脑中，是一种几何抽象，笛卡尔说得对。在他的一篇小论文中，笛卡尔首次把'功'理解为'力的功效'。这一数学理论使后来机器的发展成为可能。人们对他的认可日益增加着。"

新哲学的奠基人

"最后他成了伟大的勒内、新哲学的奠基人；老朽的经院哲学破产了，弗朗西斯·培根的预言成了现实，摆脱了一切障碍的人类思想走出了学究的死胡同。笛卡尔开创了物理的机械时代，牛顿是在他的《谈谈方法》发表六年后才出生的。技术开始连奏凯歌，对它来说，一切似乎都是可能的，一切都是被允许的。科学开始盲目地倚赖人类的理性。"

"您讲到过笛卡尔的恐惧，他怕像伽利略甚至布鲁诺那样遭到审判。那笛卡尔是无神论者吗?"

"不是,恰恰相反。他受的是耶稣会的教育,他很可能是一个好信徒。他致力于证明上帝的存在。从'我思故我在'这样一个结论出发,他宣称上帝是存在的,其推论是:只有完美的存在才能诱发关于完美存在的思想。他从属的玫瑰十字会认为宇宙是没有尽头的,这便提出了一个问题:你怎么设想上帝和人之间的联系呢?既然人只占据着茫茫宇宙中的一个小角落,那么他就几乎无法获得那么高的地位。笛卡尔反对这个,他宣称宇宙不是没有尽头的,而是无限的,因为人找不到界限。时间也是这样。上帝也是无限的,因为他是无法定义的,因此,'至高的善'是给上帝的最好的称呼。"

"那他确实超越了那个时代的神学!"

"然而他还是信仰上帝的。我想就此结束关于笛卡尔的话题了。当然,可说的还有很多……"塞内克斯沉默了,搅着杯里的咖啡,越过桌面,看着遥远的不知什么地方——也许只是看进自己的内心。

妇女能掌握最难的事情

三个人充满期待地看着塞内克斯。下面该讲什么了?塞内克斯对贝蕾妮克说:"也许还有一点,前面说过,笛卡尔热爱女性。还有一位女性参与塑造了他的命运——瑞典女王克里斯蒂娜。她邀请笛卡尔到她在斯德哥尔摩的宫殿去。笛卡尔开始很犹豫,这或许证明了他有很强的直觉力,因为他后来就死在那儿。"

"这我可不知道。"

"瑞典女王克里斯蒂娜是那个时代最重要的女性统治者之一,一个强国的女王,她的父亲在三十年战争中领导了反对皇帝和天主教的新教集团。那时女王刚刚参与签订了《威斯特伐利亚和约》[①],她的王国在欧洲历史上占有很重的分量。此外她还想把宫廷变成艺术和科学的圣殿。她以清晰的头脑证明了女性完全可以像男性一样掌握最难的事情,证明了女性也可以理解科学。瓦萨王朝古老的宫殿里到处是学者、艺术家、科学家和哲学家,女王还和许多重要人物有密切的书信往来。但有件事几乎没人预料到:她正在考虑改信天主教!"

"为什么偏偏是她呢?——她有那样一位父亲,还有这样的历史。"

"是啊,这真是那个时代令人难以置信的一件大事。1649年,宗教的分裂也使欧洲四分五裂,一般来讲,统治者皈依哪一宗,就决定了他的臣民也皈依那一宗。因此,如果克里斯蒂娜改信天主教,那将是当时政治意义极其重大的事件。她已经和罗马牵上了线,耶稣会教士——你可以称他们是反宗教改革的精英战士——秘密来到斯德哥尔摩,他们把那女君主引到罗马教廷的怀

[①] 《威斯特伐利亚和约》于1648年10月在威斯特伐利亚签订,标志着三十年战争的结束。和约规定了德意志境内新教和天主教地位平等,承认了荷兰和瑞士独立,瑞典也获得了一些教区。

抱中去。好了，让我们来接着说笛卡尔。经过多年的犹豫不决之后，笛卡尔决定接受女王的邀请。女王极其隆重地接待了他，他住在法国大使那儿。时值严冬，气候很不友好，但笛卡尔好多次不得不大清早五点钟就到女王处讲解自己的学说。人们开始窃窃私议，还不仅是因为讲解学说这一件事。总之，这对那位一向喜欢睡懒觉到中午的人来说简直是受罪。他染上了肺炎，随之过世。但或许他是死于砒霜中毒？这类谣言在人群中广为流传，因为耶稣会和梵蒂冈肯定不乐意女王听那位自由思想家讲授现代哲学。当然了，证据是没有的。笛卡尔被静悄悄地埋葬在斯德哥尔摩，他的墓碑上写着：

> 他从根本上革新了哲学，为普通人指出了一条通往自然最深处的道路——一条新的、坚实的道路；他只留下了不甚明确的一点：他是否拥有更多的知识和谦逊？

"当他谈到嫉妒者对他的攻击时，也在怀疑会不会有人给自己下毒。克里斯蒂娜女王怎么样了？"

"她后来退了位，移居到了罗马，一心一意献身于艺术和科学。那时她皈依了天主教，但这对她的臣民来说已经没有任何意义了，因为她不再是女王。"

塞内克斯把杯子里剩下的咖啡喝完，站起身来："我们上路吧。"

黎　明

两个重要人物

他们悠闲地走着,塞内克斯接着说:"现在设想我们的模斯特丹是海牙吧。我要把你们领到那儿的一座小房子去,欧洲最卓越的人物中的两个在那里会面,他们是德国数学家、哲学家戈特弗里德·威廉·莱布尼茨和尼德兰哲学家、光学家(或者说磨镜片的工人,因为他是靠这个谋生的)巴鲁赫·德·斯宾诺莎。斯宾诺莎是一个犹太家族的后裔,其家族成员中的一部分从西班牙被驱赶到葡萄牙,后来又越过法国迁到尼德兰这个战胜了宗教裁判所的老祖宗的国家。"

"既然他是犹太人,那他是不是只能住在犹太人居住区里?"

"不是,贝蕾妮克,阿姆斯特丹从来没有过真正的犹太人居住区,犹太人住在哪里都可以。"

他们穿过窄窄的巷子,阳光照射进来,把牛眼形的窗玻璃变成了一面面小镜子。人们在聊天,男人拿着手杖,戴着宽檐帽子,鞋上有银色的带扣,领子和尖尖的硬袖口都很昂贵。孩子们在滚铁环、抽陀螺。

塞内克斯继续说:"莱布尼茨 1646 年出生在莱比锡,大学学的是法律,毕业后在美因茨选帝侯的朝廷里供职,致力于改革罗马法。二十六岁时莱布尼茨接受秘密使命,要前往巴黎说服法王路易十四袭击埃及,牵制那儿的土耳其人,从而将路易十四的注意力从莱茵河和尼德兰转移开。当时这个袭击埃及的计划落空了,但后来又被拿破仑捡起而付诸实施。路易十四还是袭击了尼德兰和莱茵兰－普法尔茨。莱布尼茨本人在巴黎了解到科学和哲学的新动向,于是他回德国走访了巴鲁赫·德·斯宾诺莎,之后又主管汉诺威公爵在沃尔芬比特尔的图书馆。在斯宾诺莎的倡议下,莱比尼茨在柏林建立了一个协会,就是后来的普鲁士科学院,莱布尼茨则是它的第一任主席。一生之中,他获得了很高的声誉。1716 年,莱布尼茨在不伦瑞克逝世,死因是痛风。关于他的生活就说这么多。弗里德里希大帝认为,西方国家有各种理由景仰这位天才数学家、巴洛克时代德国最伟大的哲学家、最后一位全能渊博的巨匠学者,他本身就是一座完整的科学院。"

"好,那我们就景仰他吧。"斯特凡回答,情绪很好。

"莱布尼茨设计了一种可以对十二位数进行四种基本运算的机械算术机,而帕斯卡的算术机只能算加法和乘法。莱布尼茨也认为我们的世界可以用数学符号来描述。他阐释了微积分的基本特征,但更重要的是他构想出了二进制……"

"就是可以用 0 和 1 两个数字表示一切数的那个二进制吗？"

"这个'游戏'直到我们这个世纪才显示出它的用途。"

"您指的是计算机技术，不是吗？"

"莱布尼茨也从哲学意义上阐述这个想法。他写道：'从什么也没有、从零之中通过万有的一，通过上帝，通过造物，产生了宇宙。零和一不是不可调和地对立着的，二者的联合产生了宇宙的无限多样性。'好了，没几步远了，你们马上就要见到这位哲学家了。"

"我以为我们是去斯宾诺莎那儿啊？"贝蕾妮克挽着斯特凡和罗曼的手臂，这时插上了一句。

"这么说也对。斯宾诺莎 1632 年出生在尼德兰，十八岁时就表达了对犹太人自视为上帝选民的怀疑，甚至对犹太教教规本身的怀疑，因此他被赶出了犹太教会。他进行统计计算，用气泵和测温仪获得了最早的化学知识。他对自然科学实践方面的兴趣（再加上笛卡尔的影响）促使他写出了论文《折射或光线折射理论》，并在其中提出了新的研究成果。专业人士和业余爱好者要求他做出精度极高的放大镜，他没有其他收入，又对自己的研究非常骄傲，因此学会了磨制光学镜片。后来他以磨制镜片为生，然而也因此害上了肺结核，最后就死在这上头。跟霍布斯和笛卡尔一样，斯宾诺莎也把数学视作不会欺骗人的科学。斯宾诺莎在与莱布尼茨会面后的一年（即 1677 年）去世。这个离经叛道的犹太人冲撞《圣经》的权威，传播异教的自然观，他死后，作品遭到国家明令禁止，被说是'世俗、无神论和亵渎上帝'的。——我们到了！"

一场奇特的谈话

塞内克斯在一条运河边站住了,墨绿色的河水上泛着微光。他指指一座红砖盖的房子,其横向和纵向上各有三扇窗户,窗框涂成白色。尖尖的山墙、明亮的外窗台十分引人注目,窄门与窗户也很相配。塞内克斯推开门,四个人沿着狭窄的台阶上楼,吱呀作响的台阶一直把他们引到一个布置得很简朴的房间里。塞内克斯称之为书房,但房间里也有一张睡觉用的床。侧面墙上中间的一扇门通往旁边的房间,那里面有磨制镜片的工作台和工具。只有摆满了书的那面墙显示出这个房间的用途,并赋予它某种舒适的感觉。

窗边面对面坐着两个人,一个大约是三十岁,充满活力,中等个子,身材细长,打扮得像个王公似的。他戴着顶黑色的假发,无数的发卷儿环绕着他苍白的脸,一直垂到肩膀上。他的前额分外地高,眉毛轻抬着,好像正对什么感到惊异,嘴唇窄窄的,让人觉得他是个智力卓著、地位很高的人物,而且他很清楚自己的重要性。他说话的声音轻而明亮,这和他很相配。

对面的人年纪大一些,个子也矮一些,他的黑色卷发(那肯定是他自己的头发)已经变得稀疏了。他穿着件睡袍,上面满是玻璃的细末,但不会给人不修边幅的感觉。他双颊凹陷的脸似乎显示出某种病症,但从较深的肤色中,仍能看出他出身南方。他的胡子刮得很仔细,富于表现力的线条上落着忧郁的阴影,眼神尤其消沉。

塞内克斯让几个人在门口墙边的椅子上坐下，解释说："这就是莱布尼茨和斯宾诺莎。他们的谈话虽然没有被逐字逐句地记录在案，但我们知道主要讨论了上帝的概念和上帝存在的证据，结果斯宾诺莎动摇了莱布尼茨对基督启示的信念。斯宾诺莎的观点是，上帝等同于自然。这一观点产生了重要的影响。"

那位身为光学师的哲学家平心静气地给对面的人分析、阐释，他的话不断被自己的咳嗽打断。他说："上帝和自然，物质和精神，思想和存在——即使它们不是同一样东西，也是一个不可分而无限的实体的两面，其创造出来的凡物只不过是其中的不同种类。"

莱布尼茨回答说："我在单子中看到了唯一的实体。"

"在单子中？"

"我理解的单子是绝对的基本粒子。您知道，希腊语中的'monas'意思是单子，即不是由其他东西组合成的东西。因此单子是一种简单的实体，意思是说，它不是由一些部分组合起来的，它不能再分了。它没有延展，没有缝隙——这就是说，它不受外部的影响。"

显然，要理解这种设想，对斯宾诺莎来说不大容易。他清了清嗓子，说："如果我理解得对，您的这种思想远远超出了那些理性主义者。"

莱布尼茨像受了奉承似的微笑了："您这样想吗？我认为，单子是能量，或者更好的说法是能量点，是充满活力的，是有灵魂的。"

"您是说活的能量,莱布尼茨先生?"

"对,我认为能量和实体是互补的!"

"但是,您想怎么描述能量和力呢?"

"它们是冲力、运动、压缩和张力。"

"是力场吗?"

"您尽管这么称呼它吧,巴鲁赫·德·斯宾诺莎。这种能量和活力,就在于单子有活跃的思想、愿望、追求和意志。此外单子也有一个等级秩序,最上面的元单子就是上帝。在它下面依次有思想、灵魂,然后是生物,就这样一层层下去。"

"这很有诗意啊,莱布尼茨先生!"

"您有什么异议吗?我也可以用数学的方式来表达:上帝单子等于无限除以——……"

"就是说,上帝单子是无限的,您是这个意思吗?"

"对。"

斯宾诺莎咳嗽起来:"那人的单子呢?"

"人的单子等于一除以无限!"

斯宾诺莎用手指尖敲起了自己的掌心:"太妙了!所以人是无限分之一!"

莱布尼茨又微笑起来:"您应该明白我的意思了,我深感荣幸。现在您想一想,有无限多的单子,无限多的个体,它们可以自己把自己组织起来,成为众多。"

"无限多的个体自己组合起来,是吗,莱布尼茨先生?"

"我就是这个意思。"

"但是——如果我理解得没错——这样，您不只是把每个单子看成是一个不可分的个体，而且也把它看成是独一无二的东西。"斯宾诺莎咳嗽得浑身颤抖起来，他低声说了句，"请原谅！"

"我们别谈了吧？咳嗽对您不依不饶呢，巴鲁赫·德·斯宾诺莎！"

"不，不，您只管接着说吧——我什么时候有过像您这么充满思想又有趣的客人呢？"

莱布尼茨身体向后一靠，两条腿交叉起来："不管是在与其他单子的关系方面，还是在它们各自的设想方面，这些单子都是独一无二的。"

"那就有了第三个标准，不可分、活跃，而且独一无二。这给您的思想更添了光彩了！——那您是不是也认为，每个单子都是宇宙的一面鲜活的镜子？"

"对，斯宾诺莎先生，这是因为，每一个单子都在它自己的设想之中反映着宇宙，而且是从它自己的视角出发的。"

斯宾诺莎喃喃地说道："那么它们反映宇宙的清晰程度是有高有低的了？"他的声音低得几乎听不清。

莱布尼茨没理会到他的话，激情洋溢地继续说着："您可以把每一块物质都想成一个种满了植物的花园，或者是一个游着很多鱼的池塘。植物的每一根枝杈、动物的每一个肢体、体液中的每一滴，又都各自是一个花园、一个池塘。"

"太惊人了！"——我们无法得知斯宾诺莎是不是觉得这种解释是愚蠢的。似乎是为了确定自己的看法，斯宾诺莎问："那么植物之间的土和空气呢？鱼之间的水呢？"

莱布尼茨完全被自己的光辉思想照晕了，他喊道："它们既不是植物也不是鱼，但它们包含着植物和鱼——虽然这种包含在大多数情况下十分微妙，是我们所无法辨认的。"

前定的和谐

窗边的两位哲学家继续着他们的谈话。斯宾诺莎问："但是，莱布尼茨先生，这么多、这么微小、活跃又没有缝隙的东西，怎么能共同起作用呢？"

莱布尼茨考虑起来，似乎不好意思说出自己的想法，因为这个想法意义重大，他担心说出来了不会被人理解。终于，他克服了自己的不安："通过前定的和谐！"他的话音轻得像呼出的一口气。

斯宾诺莎却听得一清二楚，他直起身，喊道："请您做进一步的解释！"

"前定的、不可改变的和谐可以解释灵魂与肉体的统一——或者说一致，以及它们的共同作用。我对笛卡尔关于灵魂与肉体在松果体内结合的观点不以为然。不不，灵魂有它自己遵从的法则，肉体则有肉体的法则。但由于一切物质中都有前定的和谐，它们便聚合到了一起，因为它们全都代表着同一个宇宙。"

斯宾诺莎又咳嗽起来，他忍不住说道："在深入思考这个问题的时候，我就发现您是个非常乐观的人，莱布尼茨先生，因为您认为，在单子之中，因此也就是在世界之中，追求和谐、追求善的意志是从一开始就设定好了的。"

这个问题似乎惹恼了莱布尼茨，他嘟囔道："我可绝不想接受您的无神论，巴鲁赫·德·斯宾诺莎！"

"我的无神论，莱布尼茨先生？可您听到的都是错的。不错，在我还很年轻的时候，犹太教会就因为我的观点——让我们暂且说'我的非正统观点'——把我革出了教门。早在那时候，研究犹太教法典对我来说就已经没什么价值了，我越来越怀疑吹毛求疵的意义，《旧约》中的矛盾之处对我来说也是障碍。"

"您的批判精神太强了！"

"这可是研究哲学的前提啊。确实，教会上层也像发了疯的野兽一般盯着我，因为我不承认《圣经》的神圣性，而是把它看成凡人之作，其中有的部分是伪作，只是为了教导人们以完人基督为榜样，教导人博爱并听从上帝。"

看得出来，这一观点令莱布尼茨感到震撼。他生硬地说："《圣经》是按照人类的方式以及流传下来的民众观念来进行论证的，它的意图不是教授哲学、让人博学，而是让人服从。"

"是啊，"斯宾诺莎喊道，"这就是我说的！就算我再佩服那些文字，我也不能相信奇迹和预言家的神赋灵感。他们的想象力很丰富，也因此不太有能力进行逻辑思考，他们绝非真正的权威，就像那些毫无宽容之心、向《圣经》顶礼膜拜的宗教改革家和预言家一样。他们在人心中煽起一种希望，希望自己的愚蠢在彼岸能够得到上帝的嘉奖,而人们的信念——我们暂且不说那是迷信——则是通过对死后受酷刑的恐惧来维持的。"

上帝不会把我的眼泪看作美德

斯宾诺莎愈发激动起来,他的双颊泛起了发烧般的红晕,折磨人的咳嗽使他全身颤抖、呼吸困难。莱布尼茨跳起来扶他,等斯宾诺莎平静一些后,他才又在扶椅上坐下。

斯宾诺莎用疲惫的声音说:"您看见了,莱布尼茨先生,有时候我太容易激动了,我同加尔文教派关于罪孽的概念势不两立,这概念夺去了人们生活中的色彩。那灰色、晦暗的迷信禁止人们享受生活,我的人生观与之对垒!请您相信我,没有一个上帝、没有任何一个人会因为我的无能和闷闷不乐而感到愉快,把我的眼泪和恐惧视作美德,除非他嫉妒成性。恰恰相反,我们的快乐越大,就越趋向于完美。利用并享受事物——当然不要过度——正是一个智者的生活准则。我们应该有节制地享受佳肴美酒。但享受就是享受,就是欣赏芬芳的气味,欣赏盛开的花、装饰、音乐和戏剧,只是不要给其他人造成损害!"

"这样说来,您就像伊壁鸠鲁!"

"难道这该受指责吗?"

"不是指责,但教会的看法不同;不光是加尔文教派,天主教会也有不同的看法!"

"呸！您肯定读过教会史吧，莱布尼茨先生。那您肯定也知道，罗马教皇是用什么样的手腕在基督出生后的六百年间攫取最高权力的——总不是上帝亲自指派他为自己的代言人的。"

莱布尼茨有些生气："但我们是不是可以相信，现在的我们已经拥有智慧和最好的哲学？"

他得到的回答是："啊，我可不会提出这种要求！不过我知道我能认识真实的东西。"

"您怎么知道？"

"正像您知道三角形的三角之和与两个直角之和相等。因为真实的东西是检验它自身和虚假事物的试金石。我相信上帝，由他的本性可以得出，只有他才能理解他自身。上帝是唯一真实、无限、必然的实体，他的缺席不可设想，没有他就根本谈不到思想家和思想。这实体是无限的，它是一切；它是唯一的，因为如果说有第二个与它不同的实体，那将是荒谬的。"

莱布尼茨一副打算和解的样子："因此，一切从人的特征投射出造物主或最高审判者概念的设想都是无意义的。"

"是的，如果三角形会说话，它会说上帝是三角形，而圆形会说上帝是圆形。这样，每个人都会把自己的属性归于上帝，让自己与上帝相似。我还认为，所有的礼拜仪式都是难以解释的，因为在那里，你把自己建立在奇迹之上，而奇迹和无知同样是无稽之谈。如果你试图把上帝和宗教的存在建立在奇迹之上，你就会用另一件更模糊的事情来解释一件模糊的事情。不，不，莱布尼茨先生，我不相信天使和奇迹，不相信个人的灵魂，也不相信它的不朽！好吧，我不认同犹太教关于上帝的启示，也不认同基督教的。对我来说，耶稣基督只不过是一个独特的人物，甚至是一个典范，但不是上帝与人的中介。基督教教义学的基本概念、三位一体、圣灵、肉身复活和末日审判对我来说毫无意义。"

莱布尼茨轻轻地敲着自己的大腿，可能是无意识的："可这样的话您就是个无神论者啊，也许是个出类拔萃的无神论者！我感到奇怪——您居然还说'上帝'这个字眼，而不是'自然'！"

"您想到哪里去了！我只是想废黜迷信，把研究自然作为一种手段，来拯救人的无知，帮助人摆脱对死亡的恐惧，通过肯定生命的乐观主义来创造内心的力量。"

莱布尼茨点点头，他大概觉得有必要做出让步。他同情这个已病入膏肓的人，用宽慰的语气说道："在这里我们想到一起了，斯宾诺莎。我关于前定和谐的思想虽然来自乐观主义，但它同样是理性的。"

"请您解释一下！"

"我认为，在单子中，也就是在世界上，任何一种理智的伦理原则，即向善的意志，都是预先设定的。在我看来上帝就是宇宙的充分理由，他从自己的完美出发为每个单子都设定了一种基本法则，不管那是假设还是乌托邦式的梦想。"

"您想以此证明上帝，甚至为上帝辩护吗？那我认为这是您的神正论。"

"随您怎么说吧。反正我认为这个世界是所有可能的世界中最好的一个。"

"也就是说,您不相信上帝的仁慈和完美会造出没这么好的世界吗?"

"没错,斯宾诺莎先生,因为我会认为那是彻头彻尾的玩世不恭。罪恶当然是存在的,但它源于人的自由,源于人选择善恶的自由!我们必须认识到,宇宙超出了所有人——包括最智慧的人——的所有愿望,它不可能比它现有的样子更好了。我们理应热爱一切善的创造者,并在对其完美性的思考中感到喜悦!"

"这一套跟我可不对路。"斯特凡喃喃说道。他站起身,因为塞内克斯已经站起来做了个上路的手势,他们便跟着走了出来。

乐观主义像生命一样重要

外面阳光灿烂,四个人都眯起眼睛。

"一年以后斯宾诺莎去世了,"塞内克斯说,"据说莱布尼茨在这次谈话之后很长一段时间里都'摆脱了神学的偏见'——这是他朋友的原话。"

"我开始喜欢斯宾诺莎了。"斯特凡宣布。

"可我觉得,莱布尼茨本该得到更高的评价。"

"罗曼说的不是没有道理,因为莱布尼茨的思想(我指的是他关于单子的学说)是理性主义的体系之中给人印象最深刻的一个，对今天的我们仍有很大意义。他追问世界最基本的组成部分，追问实体。笛卡尔假定有三种实体，一种是无限的，即上帝，两种有限的——一个是外延的肉体，一个是思想着的精神。没有人对这种三位一体感到满意，人们更容易赞同莱布尼茨的观点。在经过三十年战争的动荡之后，莱布尼茨发展出了他最好的、可能也是最大胆的思想——前定和谐，并将其作为抵挡战争困境的一道堤坝。"

"但是，塞内克斯，战争是真实存在的，在这种情况下仍然相信某种前定和谐，不是一种盲目乐观吗？"

"莱布尼茨的乐观主义斯宾诺莎也提到了，斯特凡。"塞内克斯微微晃着头，"我认为，乐观对于所有人都像生命一样重要。但我们还是在帕维辽恩运河边再坐一下吧；看看那些天鹅，回想一下法国。之后我就想结束十七世纪的哲学家和数学家这一章了。眼下我脑子想的这个名字以前已经提过好几次了，最后一次提跟最早的算术机有关系。"

"是布莱兹·帕斯卡！"贝蕾妮克喊道。

这里所有的哲学家都是杰出的数学家

塞内克斯闭上眼睛："请你们想象一下法国的中部，中央高原地区。在多姆山脚下，绿意青葱的火山锥环抱之中，坐落着小城克莱蒙费朗。1623年帕斯卡出生在这里，而仅仅三十九年后他就在巴黎去世了。"塞内克斯又睁开了眼睛:"如果我们今天在书店的导览里寻找他的名字,仅在德国就能找到五十个,但大多数都与计算机程序设计语言相关。"

"为什么?"

"我想,这是因为他在青春年少的时候被视作数学天才。年仅十六岁时他就写了关于圆锥曲线的论文。不管做什么,他都做得飞快,匆匆忙忙的,连喘气的工夫都没有,就好像他知道自己剩下的时间不多了一样。他很少做改正的工作,总是急着奔向新事物,对自己写的文章几乎从不读第二遍。"

"巴洛克时期所有的大哲学家似乎都是杰出的数学家。"

"虽然很多工具书都把帕斯卡称作神学家,但我想要介绍帕斯卡与哲学的关系。"

"您认为这些工具书的说法局限性太大了吗?"贝蕾妮克把胳膊支在运河的护墙上,眼望着天鹅。

"是的,因为很多哲学史里根本找不到帕斯卡的名字,除非那本书有宗教倾向。所以我要特别介绍他。我们今天提到的笛卡尔、斯宾诺莎和莱布尼茨三位哲学家,不管他们有多么不同,有一点是共通的。"

"他们都承认造物主的存在,虽然他们不把耶稣看成上帝的儿子。"

"对,他们赋予了上帝不同的名字——至高的存在、至高的实体、至善。中世纪的信仰依然占着统治地位,可能只是出于习惯,这种情况迟早会改变。但在伏尔泰诅咒教会、法国大革命捣毁祭坛上的圣像之前，布莱兹·帕斯卡站出来了。他以生性敏锐、善于分析的数学头脑，再加上潇洒，走了另一条道路。如果把人类理性主义的发展历程比喻成一条越流越急、越拓越宽的水流，帕斯卡就是一个站在急流中央伸开双臂试图阻挡它的人。"

"白费劲！"斯特凡蹙起了眉头。

"但是我对他有好感。"罗曼以肯定的声调喊。

"你尽可以对他有好感。"塞内克斯回答说，"中世纪那种对信仰的激情在遭到理性分析的无情进攻之前似乎在帕斯卡身上再一次凝聚起来，在我看来，他是最后一位真正无条件地信仰基督的严肃哲学家。在他身上，基督教的虔诚和哲学思想、数学的洞察力结合在一起。"

"人们对他的生活都知道些什么？"

"和阿西西的圣方济各差不多，他先是过着一种所谓'花天酒地'的生活——乘着四驾乃至六驾的马车出游，连疾病也无法阻挡他去享乐。"

"他有病吗？"

"某种麻痹症使他不得不靠拐杖走路，而且他还患有抑郁症，那时被称为'忧郁'。像圣方济各一样他经历了一次顿悟，他自己称之为'火'。在一篇所谓的'备忘录'中他提到了这个。"

"发生了什么让他改变了呢？"

"有两件事，贝蕾妮克。一次，在巴黎的一座桥上，他乘的马车出了事故，不知是运气还是偶然，他竟没有受伤，他认为是上帝伸了援手。另外,他姐姐的疾病被治愈,也被他看作奇迹。"

"这是怎么回事?"

"她的眼睛上生了肿瘤,吻了荆棘上的刺就好了,据说那荆棘来自基督的荆冠。"

"因为她的病治好了,他就投进了教会的怀抱?"

"是投进了信仰的怀抱,不是天主教会的怀抱,斯特凡。帕斯卡受詹森派①影响,把贫穷看作崇高的理想,将自己的财产分赠出去,还收留了一户贫苦人家——甚至在这户的孩子得天花时自己搬离房子;他立遗嘱把财产的一半分给穷人,在受了临终涂油礼后死去。"

"多么矛盾啊!这样看来,虽然他非常聪明,但还是会受一些不能用理智来解释的经历的影响——我说得对吗?"

"帕斯卡大概也是这么想的,因为他提出了'心的逻辑'这个概念;他根本不想解释自己的顿悟。"罗曼大概还想说些表示赞同的话,但当他的目光落在斯特凡身上,看到后者含讥带讽地撇起嘴的时候,他把话又咽了回去,咬住了下嘴唇。

上帝与人之间的距离是无限的

斯特凡这时问道:"这么说,帕斯卡的信念与理性是对立的?"

---

① 一个有着严格原则的天主教教派。

"更好的说法是'与理性主义'对立,斯特凡。有些人把帕斯卡看作宗教天才,他在上帝身上看到了比哲学家更多的东西。对他来说信念和感觉比理智更重要,他的观点是,我们不能只用理智认识真理。"

"这我很理解。"贝蕾妮克不在乎斯特凡讽刺的微笑。

塞内克斯对此也没理会。"在遇到了那么多批判信仰的哲学家后,我觉得介绍一下对立面会比较平衡。帕斯卡认为上帝与人之间的距离是无限的,你们见到的他是一个敏锐、反对理性主义的人,尤其是反对笛卡尔的理性主义。帕斯卡的观点是,人只有通过心灵,在天赋灵感的道路上才能获得关于上帝的知识,理智没有探明心灵深处的能力。帕斯卡是哲学家中的一个例外,他为基督教写了辩护词,即《思想录》。由于生病,这部作品没有完成,但它依然是一篇为信念而作的光辉辩词。"

"这在那时候有必要吗?"罗曼终于又开口了,他把手向贝蕾妮克那边挪过去。

"当然有。当时,一种放纵的风气日益蔓延,甚至有许多教士也认为卖弄这种放纵是很风趣的事,但帕斯卡反对这种风气。帕斯卡通过写作表达了无信仰者的痛苦,以及有信仰者与上帝同在时的幸福。他道出了人对宗教的轻视与憎恨,是因为人担心宗教不是真实的。为了纠正这些,他想先指出宗教与理性并不相悖,然后促使人产生相信宗教为真的愿望,最后证明宗教是真实的。"

"他成功了吗?"又是那种讥讽的目光。

"唉，斯特凡……"

塞内克斯转向另外两个年轻人："虽然帕斯卡的《思想录》没有完成，但他是后世敌视宗教的人（比如伏尔泰、保罗·瓦莱里、尼采）必须认真对待的一个对手。帕斯卡也是第一位科学批评家。他是一位敏感的哲学家，用自己的心血写作。针对哥白尼和伽利略以来人们对宇宙的新设想，他说：'这无边无际的空间的永恒沉默令我战栗。'"

"他有病，您说过的！"

"所以人们用他的这一缺陷来解释他的信仰。比如十九世纪的文学批评家圣伯夫说：'帕斯卡有病，我们在读他的著作时得想到这一点。'人们还说，帕斯卡之所以这么激情洋溢地斗争，是因为他自己从来没有摆脱过怀疑；也正是因为帕斯卡了解无神论者的怀疑，他既吸引了虔信的人，又吸引了无神论者。在他的《致外省人书，关于耶稣会的伦理学》里，他从詹森派的角度抨击了耶稣会，这篇文章被认为是法国古典散文修辞艺术的巅峰。"

"但他不只是个宗教哲学家，还是数学家和物理学家。"罗曼感到自己有必要为这位信仰的保卫者说话。

"如果不是这样的话，今天就不会有以他的名字命名的程序语言，也不会有气压单位'帕'。他发现气压随高度的增加而降低，高度可以用气压计测量出来。他的一个朋友在多姆山山顶上做了最初的试验。帕斯卡还研究了真空。我们知道'帕斯卡三角'的几何排列。他设计了一种加法机，发展了概率计算，发现了连通器法则。所有这些都向我们展示了另一个人——一位杰出的自然科学家。"

一时间谁都没有说话。

巴洛克的音乐

音乐史上最伟大的天才之一

每个人都沉浸在自己的思索中,让思绪随着缓缓的流水源源不断地流淌——也随着午后运河上那闪烁着的点点阳光。

随后塞内克斯说道:"时间过去了。你们看到那座小教堂了吗?我们要利用黄昏这点余光,在教堂里变得太暗之前进去看看。"

他们走过一座拱桥,桥栏上蹲着鸽子和麻雀,像装饰雕塑一般,他们经过的时候也不飞起。

教堂的木制大门虚掩着。塞内克斯建议坐在离门最近的板凳上。教堂中厅在他们面前伸展,空荡荡的,给人一种无遮无拦的感觉。一切都是光秃秃的,墙壁也是石灰白色的。高高的窗户明亮而无色,只有温暖的光线投进来。

"这个加尔文派教堂里的所有画像都被清走了。"塞内克斯说,"正好,现在你们可以运用想象力了。音乐不会在这个教堂里奏响。因此，我现在脑子里正想着那个人对于自己是路德派新教徒感到很高兴——他受不了禁欲的加尔文主义。当然，我们本来应该去莱比锡，但道路实在是太糟糕，而且对这个天才来说，地点并不重要——他属于世界，也属于尼德兰，在这儿，他的音乐享有同在莱比锡一样的崇高地位。"

"您说的是约翰·塞巴斯蒂安·巴赫，对吗？"贝蕾妮克问道，眼中满是快活的神色。

"我认为巴赫是音乐史上最杰出的人物之一，在尼德兰讨论他也并非毫无意义……他从没到过这儿，但复调音乐在这儿产生，多声部音乐从这儿传到全欧洲。首先是声乐作品，而巴赫是这方面最杰出的大师，他的名字简直可以说是复调的代名词——当然赋格曲也属他最拿手，因为他创造出了它的最高形式。"

"那么对位呢？"

"也包括对位，罗曼，但要追本溯源的话，会遇到意大利人帕莱斯特里纳[①]，他的功绩我们当然也不能抹杀。但巴赫并不因此而逊色——没有一个作曲家能像巴赫那样长久而广泛地存在于人的生活中，莫扎特是唯一的例外。"

"如今的世界上，基督教的影响日益减弱，您觉得巴赫的地位能保持住吗？"斯特凡问，一边不厌其烦地再一次推推眼镜。

"我认为可以，因为巴赫创作的是纯粹的音乐，既不是宗教的也不是世俗的；他的创作超出了这些范畴，到今天就更是如

[①] 乔瓦尼·皮耶路易吉·达·帕莱斯特里纳（Giovanni Pierluigi da Palestrina，约1525—1594），意大利作曲家，少时曾是教堂歌童。1551年起，任罗马教堂乐长。

此。当代作曲家毛里西奥·卡格尔说，可能不是所有的音乐家都信仰上帝，但他们全都信仰巴赫。这也是巴赫在过去的半个世纪中极为流行的原因——不仅是在教堂和音乐会大厅里。巴赫的作品被改编成爵士乐，也被糟蹋成了消遣音乐，或被当作电影的背景音乐，广告业也大肆利用巴赫作品。然而事实证明，巴赫音乐的实质内核始终是不可损毁的。只要还有人要听音乐，就一定会演奏巴赫的作品，而每一代人都按自己的意图对其进行加工。"

"他是什么时候生的？他比亨德尔大还是小？"

"他们同岁。约翰·塞巴斯蒂安·巴赫和格奥尔格·弗里德里希·亨德尔都生于1685年，出生地相距几乎不到一百公里——巴赫在图林根的爱森纳赫，亨德尔在萨勒河边的哈雷，然而他们的人生道路截然不同。"

"有时候我觉得，巴赫当上托马斯教堂合唱队的指挥而不得不创作很多教堂音乐是件很可惜的事。"

"虽然他在托马斯教堂的乐长和教师的职位上遇到了重重阻碍，很少有快乐可言，但他以赞美诗、基督受难曲和圣诞清唱剧、康塔塔、经文歌将教堂音乐中最伟大的作品奉献给了教民，而且是不同教派的教民，因为他用最完美的音乐语言表达出虔诚。"

"巴赫当托马斯教堂合唱队的指挥不是违背他自己的意愿的吗？莱比锡本来根本不想要他。"

"当时人们说，既然找不到最好的，只好拿中不溜儿的将就——'最好的'指的是特勒曼和另外两个更没什么影响力的作曲家。莱比锡人当时并不是要找一个好的音乐家,而是要找一个合唱队指挥和教师——尤其是拉丁语教师,而这是巴赫很厌恶的事。后来他经常抱怨上级对他缺乏理解以及别人对他的妒忌和迫害。"

尘世的欢呼和神圣的欢乐

四个人都琢磨着罗曼的话。"对此还有很多可说的。"塞内克斯继续说道,"巴赫确实是一个天才,而且是个多面手。他不仅是托马斯教堂合唱队的指挥,还先后做过萨克森-魏玛威廉公爵的宫廷管风琴师、首席小提琴,然后又到克滕的安哈尔特大公利奥波那里做室内乐指挥,最后才到了莱比锡,并留了下来。他有一个大家庭要养活。我认为,他自己并没有对尘世的欢呼和神圣的欢乐做过区分。"

"他是个什么样的人?"贝蕾妮克问。

"是个巴洛克式的人物。据说他很活泼,戴着顶厚厚的假发,人们对他的描述是肩宽体胖,一张丰满而红润的面孔,有个壮观的大鼻子,眉毛弯弯的。他大概是个很有激情的人,总是急匆匆的,很固执,但又是个热情、好脾气的大个子。他善饮酒,生了二十个孩子,其中有些夭折了,另一些则被他教育成了出色的音乐家——这是他除了在宫廷和托马斯教堂的使命之外的另一项成就。但他总是缺钱,在报酬和奖赏方面都受骗,还得忍受王公、官家、教会上层人物的压迫、蔑视和冷嘲热讽,像个农奴似的受管制和逼迫,不得不委曲求全。没有征得市长的允许,他都不能离开莱比锡。"

"那肯定是一种令人厌恶的陈腐的小城气氛。"罗曼喃喃说道。

"巴赫忍受了这一切。从现在尚能找到的书中我们了解到关于他和家人的一些小事。他在魏森费尔斯收到过别人送的野味,喜欢发酵的果汁和烧酒;他的妻子安娜·玛格达莱娜料理花园,喜欢黄色的康乃馨,想要得到一只爱唱歌的金翅雀。"

"这听起来很有情调嘛,不过也挺有人情味的。那时候还没有人意识到他的价值吗?"

"有些人已经感觉到了。担任托马斯教堂合唱队指挥的巴赫成了公认的权威,学生在他那儿出出进进,音乐家请求他写评语,市议会找他去鉴定新的管风琴,遇到要在空缺职位上安排人的时候也征求他的意见。他的日常工作估计压力很大,要给新学生考试、安排乐手、监督市属乐器工场的工作,以及好多别的事。"

"他还谱了那么多曲!"

"那真是巨大的成就!每星期他都写一个新的康塔塔、宗教和世俗的音乐;他为教堂工作后仍然写世俗的音乐,在这儿我只提一下他为弗里德里希大帝作的《哥德堡变奏曲》,还有《音乐的奉献》。"

"那么《平均律钢琴曲集》呢?"

"那里面只有第二部分是在莱比锡写的,前一部分他在成为托马斯教堂合唱队指挥之前就开始写了。任何一个音乐家都不能跳过巴赫,不管是吹长笛的、吹双簧管的,还是弹管风琴的、弹羽管键琴的,弹钢琴和拉小提琴的就更不用提了。在克滕他写出了为长笛、古大提琴和小提琴而作的奏鸣曲①,这些奏鸣曲显示了他创作才能的巅峰;为独奏小提琴创作的奏鸣曲和组曲也是这样。虽然巴赫自己也拉小提琴,但他并不偏爱这种乐器,然而他还是写出了小提琴作品中的极品,可以说完美无缺。巴赫的《夏空舞曲》是最美的音乐之一,他在一件小小乐器的四根弦上变幻出一个充满思想和情感的世界;此外他还为独奏大提琴写出了六套组曲。这些作品都显示了极高的思想性和技巧性,令演奏者得以用独立的、创造性的语言同自己对话。克滕时期的作品还有《A小调长笛独奏组曲》和小提琴协奏曲②——双协奏曲是其中的明珠。巴赫的小号已经成了一个固定的概念。在《勃兰登堡协奏曲》中,他用参加协奏的乐器圆号、双簧管、小提琴、小号、竖笛、低音弦乐器和羽管键琴创造出丰富的色彩。今天,有些演奏家专门演奏巴赫的作品,从东京到纽约,从伦敦到巴黎、莫斯科,从西班牙到德国、奥地利和瑞士,在全世界飞来飞去做巡回演出。《平均律钢琴曲集》是他为钢琴写出的最为丰富的作品(当然那时人们用的还是古钢琴),他在其

---

① 奏鸣曲,一种多乐章器乐体裁,与声乐形式的康塔塔不同。
② 协奏曲,一件或数件独奏乐器与乐队协同演奏的套曲,既有不同乐器、组合的对比,也有交融。

中为二十四个调式中的每一个都写了前奏曲①和赋格②。当时有名的萨克森管风琴制作家族西尔伯曼刚刚开始制作最早的钢琴,巴赫在钢琴诞生的过程中起了很关键的作用。"

"您还提到了对位,对位到底是什么意思?"

"对位是复调中的概念,用意译的方法翻译过来就是'音符对音符',其中多个声部在旋律和节奏两方面都可以比较独立地交互进。巴赫是这方面无可争议的大师,他以高超的技巧令几个声部丰富地变换,同时又紧密地交织在一起。他的创作在各方面都登峰造极——技巧、各部主题的呈现、丰富的想象力、强有力的表达,同时又思想深邃。"

巴洛克音乐的特别之处

贝蕾妮克从窄窄的凳子上直起身,说:"我脑子里想着那么多的事,塞内克斯。比如,巴洛克音乐的特点是什么?应该怎么定义它呢?不管是哪个作曲家的曲子,如果是巴洛克风格的,刚听上几个小节就能辨认出来。"

"我会说巴洛克是通奏低音③的时代,一个或几个旋律声部在同一个和谐的基础上进行,也就是在均匀进行的通奏低音之

---

① 前奏曲,一种短乐曲,曲式较为自由,一般用作引子。
② 赋格,是复调音乐的一种创作形式,主要特点是相互模仿的声部以不同的音高在不同的时间进入,呈现出各声部问答、追逐的效果。
③ 通奏低音,一种伴奏声部,通过持续的低音支撑起和声结构。

上进行。除此之外，巴洛克音乐中还贯穿着新和旧、宫廷的华丽和手工业者的脚踏实地、庄严富丽和内向含蓄、歌剧音乐和宗教音乐的混合。作曲家的创作既源自传统，又深深地扎根于他们的时代。"

"在那些基督受难曲和清唱剧中，我总能听到一种生活重压之下的呻吟，真让人受不了！"斯特凡小声说。

"那个时代的人恐怕太有理由呻吟了。在宗教音乐中，尘世给人带来的痛苦可以按照它们本来的样子被表现出来，因此它可以给人以安慰，令人振作。"

"巴赫本人那么虔诚吗？"

"他信教，但肯定不是那种狭隘的信仰，而是留心观察着周围的一切发展变化；他与百科全书派成员生活在同一个时代。"

罗曼立刻追问道："百科全书派是什么？"

"百科全书派首先指参与编撰《百科全书》的人，这套书由法国的狄德罗和达朗贝尔主编，参与者大约有二百名，它是人类第一次系统整理一个时代全部知识的尝试。狭义上说，百科全书派指那些借助百科全书推动启蒙运动的哲学家。当时民众的知识水平（连受过教育的市民阶层也算上）是极为低下的，至少在我们今天看来是这样。"

"难道今天的知识水平就更高吗？我可不认同。"

"当然了，如果与当今爆炸一般增长的知识资料比较，现代人知道的一点也不比那个时代的人多。但那个时候，中世纪的观念仍占统治地位，人所理解的世界是一成不变、静止不动的；变化在人们的感觉中微不足道，不会从根本上动摇上帝创造的世界体系。人们对历史的看法也模糊不清，认为它和'现在'没什么大区别，古人的生活和今人的生活一模一样；就算做历史性的思考，也只是把时间分成基督出生前的时代（《旧约》的时代）和基督出生后的时代（《新约》的时代）。"

"哪怕那时已经出现了哥白尼、伽利略和笛卡尔？"

"我现在说的不是寥寥无几的学者，也不是受过较高等教育的人，因为直到那个时候情况才开始极其缓慢地转变，而启蒙运动对此起了很大的作用。巴赫对哲学大概了解得很少，我们也不清楚他有没有听说过笛卡尔、莱布尼茨和斯宾诺莎，又对他们有什么样的看法。弗里德里希大帝那些非宗教的观点和他与伏尔泰在宗教方面很自由的通信大概让巴赫看不惯。面对死亡，巴赫相信耶稣的复活更胜过相信自己的亡灵会被唤醒。后来他得了白内障，眼睛瞎了，最后可能是死于一次失败的眼科手术。"

"这是什么时候的事？"

"在莫扎特出生前六年，贝多芬出生前二十年——几个迥然不同的天才之间的间隔就是这么近，变化的速度加快了。"

不知不觉地，暮色已透进教堂的窗户，黑暗之中，教堂里的一切都成了剪影。

"我们走吧，旅舍就在一条小巷里，不远。"

塞内克斯挽起了斯特凡的胳膊——他觉得这个男孩有点被冷落。和贝蕾妮克走在一起的罗曼学塞内克斯的样子，挽住了她。贝蕾妮克微笑了，不过没人注意到，因为她脸庞的颜色和轮廓都沉浸在黑暗之中了。

  几乎没有光从周围的房子里透出来，只有远处的一个屋角那儿燃着一支插在铁丝筐里的火把。塞内克斯引着他们向那里走去。

第七晚

巴洛克的两极

困苦的巴洛克

粗鲁而缺乏教养的孩子

自助餐厅里,他们把吃的端到桌子上,然后各人坐在自己的老位子上。外面一片寂静,老城无声地沉睡着。电灯光笼罩着桌子和餐台,让他们有一种与世隔绝的感觉,好像身处一个孤岛。历史是现实吗?或者现实是历史?

今晚的菜是荷兰的海外殖民地风味,主要是亚洲菜:印尼炒饭、火锅、米饭、酸甜汤、青椒炒牛肉、杂碎、蘑菇笋片鸡肉等等,饭后甜食有香蕉和蜂蜜杏仁水果。只有在饮料方面,那位不露面的主人还是照老样子,准备了矿泉水、果汁和葡萄酒。

吃过饭,塞内克斯建议不要再出去了:"我希望能再跟你们谈谈莱比锡和德国,再做一些思考。"

三个吃饱喝足、懒洋洋的青年表示赞成。"那好,我已经提到过了,巴赫的职责之一是教授托马斯教堂合唱队的学生拉丁语和声乐,然而这些男孩和今天托马斯教堂合唱队的孩子可没法比。巴赫曾抱怨说,有些既没有音乐天赋又不喜欢音乐的孩子也被招收进来了。这些缺乏教育的孩子总是在多风的莱比锡街道上扯着嗓子喊,声音已经变得嘶哑了。他们经常赤着脚跑来跑去,叫喊、乞讨、纠缠路人,搞各种各样的恶作剧,打架斗殴、乱扔石块。要是赶上博览会或年市,学校放假,他们就折腾得更厉害,因为那时有外地来的商人。另外,他们往往不得不在风吹雨淋中、在潮湿的空气中、在火炬的浓烟中歌唱,这更损坏了他们的嗓子。他的学生也从来没有足够大的地方睡觉,只能挤在一处;他们经常生病,又在狭小的空间里相互传染。"

"有医生吗?"

"有名义上的医生,但他们几乎没有任何医病的能力,也没有人愿意为孩子们的治疗出钱。于是安娜·玛格达莱娜·巴赫就得往药房跑,要不就试试从她母亲或是祖母那儿传下来的药方。"

"巴赫就让这些孩子唱他的康塔塔作品吗?"

"每个星期四他把他们带到教堂去,为即将到来的星期日排练;时间又这么短,可想而知练出来的东西是什么样子!"

"至少乐队的乐手应该比较好吧?"

"根据巴赫本人的记载,那些乐手接受的训练根本不够,那时几乎没有今天这样的音乐学院,人们一般都是在家里教育孩子或请私人教师。"

"莱比锡那时候是什么样,塞内克斯?"

一个繁荣的贸易城市

"莱比锡当时大约有一万五千名居民,在我们看来很少,但那时整个地球上也只有约五亿人,到 2000 年就有约六十亿人了;也就是说,现在的人口是那时的十二倍。

"当时的莱比锡是一个繁荣的贸易城市与博览会城市,重要性超过纽伦堡和法兰克福。资产阶级日益增长的权力和财富就表现在他们那宫殿般宏伟的住宅和店铺上。人们需要街灯,需要排污水的闸来保持街道卫生,需要有人监督咖啡馆;开博览会时会有很多外地人来此,所以还需要有音乐。博览会期间的莱比锡城简直是人满为患。

"莱比锡早就是一个图书贸易中心,而它渐渐地也成了一个启蒙文学和舞台艺术的中心。1731 年,戈特舍德[①]在莱比锡导演了他的正剧《濒死的卡托》。1748 年,莱辛的处女作《年轻的学者》上演。到 1765 年歌德来上大学的时候,莱比锡已经是德语区的思想中心了。"

成千上万无家可归的妇女

塞内克斯停顿了片刻,然后接着说:"顺便说一句——富有

[①] 约翰·克里斯托夫·戈特舍德(Johann Christoph Gottsched,1700—1766),德国哲学家、作家、文学评论家。

的城市居民与乡村居民的生活之间有着天壤之别，这也包括妇女。富裕的城市女性生活优裕，有钱的乡村女性日子也过得很好，甚至用不着干很多活儿，可富人实在是太少了！绝大多数妇女，尤其是农村妇女，日子很艰难。手工业家庭中妇女的生活状况差别也极大，整体上都过得不好，贫穷程度加剧了。妇女往往得在工场里帮忙，还得操持家务，照料帮工和学徒的生活。最惨的是那些无家可归的人，或者说是那些不得不得过且过的妇女，很多人只得以卖淫为生——这就是那些被社会排斥在外的人们的命运。社会对她们漠不关心，也根本不想关心，只是放任她们凄惨地过活，许多人甚至还蔑视这些不幸的人。"

"听起来真是暗无天日啊！"

"当然是这样，否则我们就不能正确地评价今天这个并不完美的时代。那些孤身一人又怀了孕的女子也很苦，既没有家又没有住处；那时的人或许知道避孕，但极少有人避孕，也不大会避孕。有的人竭力要摆脱这桩倒霉的事，便出现了杀死孩子的情况，比如把孩子掐死在床上。"

贝蕾妮克轻轻地叹了口气。

"但孩子夭亡大多数是自然造成的，因为生活是那么艰辛。妇女生了孩子，往往连一块给孩子做衣裳的布都找不到，接生婆只好讨来几个布头，勉勉强强把孩子裹起来，这样的小可怜虫怎能不挨饿受冻呢？当妈妈的也顶多有点水和面包，一点白兰地就是她对付一切疾病的药——可以想见，她的奶对孩子是多么有害！艰苦、冷酷、男子的漠不关心，这一切都早早地把当了母亲的女子赶出家门。她们也许能在哪儿找到什么工作，要不就得在池塘冰冷的水边洗孩子的衣服。不难想见，她们通常就是这样凄惨地一天天走向死亡。死亡是人们再熟悉不过的事了，大概没有人没目睹过亲戚或家里的老仆、年幼的兄弟姐妹死去；妇女在坐月子的时候死去也是常事。"

像牲畜一样过活

塞内克斯有片刻工夫没说话，好让他们回想这一切，然后接着说："生活凄惨的首先是农民家庭，当时就有人说过，所有造物中最可怜的就是农村人——农民像奴隶，雇农简直和家畜没有分别。在有些村子里，孩子们几乎是半裸着跑来跑去，追着旅行路过的人乞讨，希望他们能施舍点什么。他们的父母也是破衣烂衫。几头瘦骨伶仃的奶牛被用来耕田，还得负责产奶。谷仓里空空如也，茅草屋摇摇欲坠。农民就像畜生一般生活，没有受教育的机会。他们从早到晚在地里干活，而用的工具又是那么原始！"

"他们难道就不反抗吗？"

"很少。我们知道有农民战争。情况最糟的是东部，上西里西亚到波兰那边的地区。在那儿，一匹马的价格是十个、十二个杜卡特或更多，而雇农、女佣得到的则只是一句命令：'到院子里干活去！'于是他们就得在那里一年到头累死累活地干，过得还不如古罗马的奴隶。如果没有养活自己的田地，他们就不能结婚,而他们就是没有地。他们得到的报酬是那么少,根本不够买衣服的。一年里他们充其量能吃上八回肉,往往还是有病或本来已经死了的牲畜的;此外就是大麦、黄米、豌豆什么的,分量也不够吃饱。因此,当主人用'送进牢里'这样的话来威胁反抗的雇工时会得到这样的回答就不足为怪了:'宁肯坐十年牢,也比给仁慈的大人您干两年活强!'"

"人就像野兽啊。"斯特凡喃喃说道。

夸张的巴洛克

享乐，谈情说爱，彬彬有礼

塞内克斯定睛望着那戴眼镜的男孩子。"让你说着了。知道了这个，你们才能理解我下面要说的东西。'仁慈的大人……'——这就是金牌的另一面，金色的一面。权力和财富掌握在少数几个人手中，最上面是封建统治者：在法国是路易十五，在维也纳是玛丽亚·特蕾西亚，在普鲁士是弗里德里希大帝，在大批侯国则是他们的君主。许多人或多或少都对自己的臣民不负责任，而且没有丝毫良心上的不安。你们简直无法想象，那些自私自利、冷酷无情的封建统治阶层的脑子里除了享乐和谈情说爱以外什么也没有，可说的只有所谓的'彬彬有礼'，只有华丽的外表、美丽的夫人和高贵的领主，其他的人是不存在的。在这抹香扑粉的景象里，只有最高贵的人、规矩和习俗，一切都只围着艳遇、金钱、财宝、官职和虚荣转。

"我认为，法国大革命给这种怪现象画了句号。"

"受奴役的人在痛苦无法忍受时才奋起反抗，但还是明天再说这些吧。我现在离开可以吗？"

他们点点头，塞内克斯便离开了。

什么是理性？

三个人面对着面默不作声。贝蕾妮克和罗曼在回想着一天来的经历，斯特凡则在思考塞内克斯最后的思绪。"启蒙运动……"他迟疑地嘟囔了一句，撕下一块白面包。

"我打赌，我们醒来后会在法国！"

"这个不用打赌，我也是这么想的！"贝蕾妮克说，"人们真的变得更理性了吗，斯特凡？"

"大概没有，妮克。但'理性'是什么意思呢？也许每个人的理解都不同吧？"

"你是怎么理解的？"罗曼问。

斯特凡想了片刻："我最好讲讲在我看来理性不是什么。"

"我没意见！"

"好吧——理性既不割断感觉，也不压制想象。理性不是一味地盯着功用，它不意味着不惜一切代价地追求成功，更不是赤裸裸的、不管不顾的功利主义。"

"啊哈！"罗曼很吃惊。

"那么理性是什么呢？"贝蕾妮克问。

"理性意味着认识必要的东西，并根据这一认识行动。理性要实现各种可能性中最好的。"

"那么它还是看重成功的！"

"很难说，罗曼。理性能看到自己的局限，否则它就不是理性了。比如，理性要是认识到人需要宗教的家园，好让生活变得易于忍受，那么把宗教夺走就是不理性的——只要这种宗教不迫害不同信仰的人。如果理性看到，要解决一个问题，人需要与分析思考能力同样多的想象力，那么把人变成一种毫无想象力的动物就是不理性的。在我看来，只有当理性试图考虑一切后果的时候，它才配得上这个名字。"

"可这又成了赤裸裸的自私自利！"

"恰恰不是，罗曼。最好的结果很可能不那么功利主义。当今的时代，令增长速度慢一些是理性的，因为增长快只会加快我们毁灭的速度。当今的时代，消费少一些是理智的，因为任何一种消费都会消耗资源，也就是原材料和能源。"

"但消费恰恰又是理性的，因为它给人们提供了工作职位。"

"确实，这是一种进退两难的处境。所以我们需要权衡，而权衡需要理性。换一种方式组织劳动、重新定义劳动，这是理性的。应该有充足的工作岗位，关于这个我能说半天。还是简单点吧——我认为理性就是网络性的思考。如果我理性地行动，我就会尽可能去考虑所有的可能性，并且选出对目标最有用、负面影响最小的那一种。"

"还没人能给我解释得这么清楚呢,斯特凡。"

"不管怎么说,这都比剪短发、穿黄大褂、在冬天穿着凉鞋到处唱颂'哈瑞奎师那'①或者在每棵树上都看见精灵要好些——不过这些还是可以做的,只要人不以此回避自己的使命。"

"那是什么样的使命呢?"

"这个你和我知道得一样清楚,妮克。我们必须让周围的人生活得更轻松、健康、安全——一句话,让生活更值得生活。我认为启蒙运动者想要的就是这个。为此,我们得运用头脑的全部力量。"

"但还有感情!"贝蕾妮克说,"不过这意味着投入。"

"或者换个词——是服务!"

"如今没人愿意服务了!"

"这个我们大概得重新学习,"斯特凡把撕下来的面包塞进嘴里,"我们可以信任理性。"

"为什么?"

"因为我在这个进化公园里认识到,在发展的过程中,能最好地生存下来的总是那些能听从他们的理性的人。"

"但有一点不同,"罗曼插嘴道,"过去人运用理性只是为了让自己生存下去,如今却要为了所有人的共同生存,这意味着每个个体都得牺牲自己的利益。我很怀疑咱们是不是能做到。"

"确实,一切都取决于此!"

---

① 哈瑞奎师那(Hare Krishna)是源于印度的一种宗教派别,曾在西方流行一时。"哈瑞奎师那"是礼赞神的真言,信徒要每天唱诵。

贝蕾妮克很喜欢斯特凡充满激情的话语；他能够带着批判精神去思考，然后表达出自己的见解，这是她喜欢他的地方——即使她自己的观点可能不同。她对他微笑着，他便也用微笑回答她。可她像是干坏事被抓住了一样，赶紧转过头说道："今天真够漫长的，走了那么多路，看了那么多东西，我累了，可明天我还想精神抖擞的呢！"

于是他们站起身来回房间，在各自的门前互相道了晚安。

第八天

启蒙和新形态的艺术

向游戏性的变迁——洛可可

一个人工小村，一个天然公园

三个年轻人本来期待着能在巴黎醒来，不过，现在他们得适应另一个地方了。走出门外的时候，他们面前是一片园林景象，轻捷的白云倒映在人工小湖明镜般的水面上。

除了他们这个由几座桁架结构的农舍组成的住所外，就看不见别的建筑物了。

"这些真的是农舍吗？"怀疑论者斯特凡问。

"要是真的，那也太新了。真正使用中的农舍一眼就能看出来。我想，像进化公园里其他的一切那样，这是仿制的农舍，同时也是真实的。"

"你是说，这是博物馆的展品？"

贝蕾妮克突然拍起巴掌来："我知道这是哪儿了，我曾经到过这儿！"

塞内克斯从房子里走出来："你认出来了？对了，这就是小特里亚宫中的小农庄，是法国王后玛丽·安托瓦内特让人造的小村子，她还说这儿是她最喜欢待的地方。她在这片虚假的布景中打扮成牧羊女，和宫女或朋友过乡村生活。"

"那时的人本来就喜欢牧羊戏。"

塞内克斯点点头："农民的生活有多么艰辛，他们是丝毫不会费脑筋去想的。来吧，穿过这道门。"道路向前延伸而去。塞内克斯侃侃而谈："前面那座浅红色的两层小宫殿就是小特里亚农宫。"

高高的窗户上接房顶，下抵地面，窗玻璃映出天空和云朵，这座亭子般的建筑周围是一圈花坛。"如果我们再往前走，你们就能看到凡尔赛宫长长的立面了。"

紧接着出现在他们眼前的是一片开阔的草地，草地之上，高大的树木葱葱郁郁。

"嘿，看那儿……"贝蕾妮克喊了起来，但又马上用手捂住了嘴巴，她指着一个戴着扑了粉的假发、穿着制服式长裤、戴丝质花边的先生和一位衣服上缀满刺绣、钟式裙拖在地上的女士。她的袖口和相当开放的低领边一圈都镶有花边。她叽叽喳喳地对同伴说着，一把画满花的折扇在她化了妆、扑了过多粉的脸孔前翻飞，像蝴蝶扇动着的翅膀。

这一切简直就像戏台上的表演。两个人笑着消失在灌木丛后面了。"这是一个侯爵和他的情妇。"塞内克斯伸出手臂，大幅度地挥手，向他们面前的园子比画着，"你们在这儿看到的是两种截然不同的花园设计风格。我们面前是凡尔赛宫的法式花园，是太阳王路易十四命人修建的；身后则是较新的所谓英式花园，自然在其中得以充分的展现。这两种不同的形式表现出从巴洛克到洛可可时期人们在生活态度上的转变。在巴洛克时代，显示出人对自然加工巧技的花园被认为是美丽的，这与巴洛克时代重新繁荣起来的戏剧艺术密切相关，因此有'巴洛克的戏剧幻觉艺术'一说。不只如此，对巴洛克来说，生存就是一场戏、一场表演，人自觉像是演员，生活在幕起幕落之间，把世界看作舞台、布景，当时戏剧演出中的布景也确实完善到了极致。在这个意义上，人们在花园里把自然变成一处处布景——为自己引人注目的出场作背景。直到十八世纪，风格自由的自然造型才得以实现。浪漫主义不再遥远。英式花园是在洛可可时代诞生的。"

"洛可可时代？"罗曼问，"我们今天不是要见识启蒙运动吗？"

"两者都要见识，等着瞧吧。"

"洛可可是什么意思？"

"这个词源自法语的'rocaille'，指的是一种贝壳式的不对称装饰形式。这种丰富变形的风格在各式各样的灰泥花饰中表现得最为充分……"

"灰泥花饰是什么？"

"它是石膏、沙子、石灰和水的混合物，很容易塑造成型，而且会变得像石头一样坚硬。早在古希腊罗马时期，在伊斯兰文化中，以及在巴洛克时代，人们就已经开始使用它了，但到洛可可时代它才大获成功。它会被人当成大理石，但又比大理石便宜得多，吸引着人耗费钱财大兴土木。所以一提到洛可可，人们想起来的主要是视觉艺术、美术、建筑、绘画、音乐和服装。洛可可延续的时间一般来说是1710年到1760年左右，但甚至到十九世纪也还有零星的出现。启蒙运动则不同，它指的主要是思想史上的一个时期，也可以说是一场哲学运动，也就是理性的那一面。启蒙运动对社会产生了极大的影响，使人类的生活整个发生了改变。人意识到了他的自由。我们在很多方面的发展都多亏了启蒙运动。"

"其实它还没有结束，或者说它中断得过早了，因为启蒙永远是必要的啊！它永远不应该结束。"

"我也这么想！"

塞内克斯表示赞同斯特凡和罗曼的话："启蒙运动是我们历史上的一股推动力。"

"它是什么时候开始的？"

"人们认为，启蒙运动时期从1650年就开始了。对于斯宾诺莎是否应该算作启蒙主义者，人们还有所争论，可不管怎么说，他产生了很大的影响。但我们还是先继续谈洛可可，它接替了巴洛克，可以说长卷假发变成了辫子。先看看眼前的法式花园吧——一切都为礼仪服务，严格遵循几何排列方式，有线、有圆、有矩形，道路笔直，游廊、水池、喷泉，一览无余，是规则与自由的统一。一切都是对称的，不管是树木还是草地间的花坛，不同的部分由树篱和灌木隔开。紫杉和雕塑装饰着台阶两侧，阶前是水盆。人们喜爱林荫道上绿色地毯一般的草坪和长长的水渠。喷泉建了一千多个，水池的大理石边缘上立着青铜雕塑，表现的是法国的河流。其实到处都有立像，古希腊和古罗马的神像、儿童像、大理石花瓶等应有尽有，也有农民、青蛙、蜥蜴和乌龟。"

"那英式花园呢？"贝蕾妮克指着另一边。

"巴洛克时代的几何式花园被另一种花园取代了，其中充当艺术家的是自然本身，人们让来自远东的花草在这里争奇斗妍，让小溪潺潺流淌。小溪又汇成小巧的湖泊，随意环绕着岩石，不再有人为的边界。就这样，洛可可式的花园创造了一种幻觉，它凝缩了自然，同时又让世界各地的不同宗教和民族进入其中。于是我们可以看到小小的印度寺庙、带佛像的塔、微型哥特式教堂和埃及的方尖碑。在他们的花园里，人们梦想甚至造出了一个世界，就像威尼斯人提埃坡罗①在维尔茨堡宫里的天顶画上让各大洲汇聚到了一起一样。但人们寻求的主要是沉静的自然，喜欢树木、岩石的掩映，喜欢流水和草木，并将雕像置于其中。长久以来自然给人的恐怖感消失了，它变得亲近起来。"

"过去人类视自然为敌，不是吗？"

"它也确实充满了让人惊恐的东西，罗曼。现在，花园成了忧郁梦幻的地方，它虽然也是人的作品，但看上去像是自然形成的。与此同时，荒谬的礼仪不那么严格了，矫饰过度的法国文化渐渐让位给一种谦逊朴素的市民教育。循规蹈矩的法式花园过时

---

① 提埃坡罗（Giovanni Battista Tiepolo，1696—1770），意大利画家，十八世纪威尼斯画派的代表人物，生平为意大利、德国、西班牙的许多教堂和宫廷作壁画，尤其是天顶壁画。

了，笔直的林荫道变得蜿蜒曲折，小河从茅草小屋旁流过，上面架着玲珑的小桥。不过那并不是天然的河流，河水是利用蒸汽机引来的。王后玛丽·安托瓦内特也热衷于英式花园，让人在小特里亚农宫的小农庄后面建了一个。但人们并没有完全放弃人造的东西，比如把磨坊盖在人工贝壳岩洞附近，把复制的古希腊神庙废墟建在荷兰的风磨旁边，还盖起小小的农舍、亭子，并将房间布置成所谓的中国风格。"

"我想象中的洛可可就是这样。"

"来吧，我们要离开凡尔赛宫了。野餐袋没必要带，因为从现在开始就到处都是酒吧、旅舍、饭馆和咖啡馆了。"

凡尔赛宫失去了它的意义

他们信步走在特里亚农大道，不久，凡尔赛宫那长得一眼望不到头的立面和成百上千扇窗户便清晰地出现在他们面前，给人一种没落潦倒的感觉。塞内克斯也不想在介绍它上面多耽误时间，因为它的巴洛克风格对他来说是属于过去的。

那个巨大的庭院也很让人失望。虽然它的宽广给人印象深刻，但寥寥几个人一进去就像消失了一样。不错，是有马车在那里等着主人，是有仆役用轿子抬着官员走过，是有宫女的身影在这扇那扇门间出没，是有教士在庭院中穿行，但一切在巨大的空间内都显得那么渺小无力。两个如瓷娃娃般玲珑的女孩在打羽毛球,还有些女孩在玩空竹。

"往左拐,看那辆主体是蓝色、窗户很矮的马车,它被用作王宫和首都之间的急使邮车。我们可以乘着它舒舒服服地到巴黎去——当然是历史上的那个老巴黎。人们生活的重心渐渐地转移到了巴黎,凡尔赛宫失去了它的意义,没人乐意去了。人们尽可能地待在首都,在那儿,他们有住所、房子或宫殿。"

他们登上马车,由于只有四个人,车里很宽敞,因为车的定员是六至八个人。

宽阔的巴黎大道两侧镶嵌着成行的榆树和山楂树篱,隔着树,后面就是放牧马匹的草场、田地和森林。他们在络绎不绝的车辆中穿行,车后卷起团团灰尘。他们超过八驾的马车、载着板条箱的大车,又被疾驰的快马超过。他们还看到旅行的车队,由先行的骑手开路,后面是饰着精致族徽的华丽马车。车尾的踏板上站着衣服上镶着边的仆役,整个人僵立着一动不动,跟木偶似的。

艺术昂起了头

塞内克斯接着说:"洛可可并不总是能与巴洛克晚期明确地区分开来,两种风格有一段时间是平行发展的。"

"我想,这些名称只是辅助理解的手段。"

"洛可可出现在专制主义后期,这是一个充满对立和矛盾的时期。这个社会由宫廷和富裕的市民阶层构成,但在骨子里还是君主贵族式的。对立在思想领域中也存在——或者说新生的思想正在露出端倪。人们与基督教的过去决裂了,但又没有完全将其摆脱。艺术头一次昂起了头颅,显示着自恋、享乐、优雅,甚至淫荡。艺术作品富于装饰性,对花朵和藤蔓情有独钟,尤其是玫瑰。"

"富有装饰性的曲线!"

"那时的人景仰东亚,尤其是中国。他们会美化那儿的一切,但又没有认真地对待它。色彩变得柔和,玫瑰不再有刺。大概从不曾有哪个时代的人——我指的当然是特权阶层——像洛可可时代那样,认识到享有生命的幸福。至少我觉得它是中世纪以来各个时期中最明朗的一个,它以在丝带吊起的秋千上悠荡为特征。"

"这么说人们大概压抑了以往那种处在威胁中的感觉。"

"洛可可热爱自然中开朗快活的一面,超自然的事物丧失了它的意义,人们想用自然的东西去取代它。"

"这听起来很好啊,"贝蕾妮克把头发甩到脑后,"但我还是要问,就没有个'但是'了吗?"

"我说的是一种与启蒙思想的发展密切相关的艺术风格,但只有富裕的阶层才能享受到洛可可艺术中表现的那些快乐,这是事实。"他们超过了一辆马车,车上坐着位夫人,正高傲地俯瞰着窗外。

"洛可可艺术试图在现实之外建立一个美丽的幻觉世界。在这个意义上,它脱离了巴洛克全盛时期庄严而矫揉造作的风格,转而欣赏逗人喜欢、令人陶醉的东西。尊严变为妩媚，雄伟变为优美，最时兴的是轻浮圆滑，在这样轻率的氛围中，一种自由的精神发展起来。"

"我猜它的矛头经常指向宗教和教会。"

"甚至还时不时地有个别热爱生活、博学多识的高级教士参加进来呢。很多在几年以前会遭到严厉处罚的事现在都允许做，或至少是被容忍的。"

不时有四轮轻便马车和房子般的大型豪华马车从他们的车旁驶过。农民背着超过他们脑袋高的大背篓弯腰驼背地走过。有些人驾着狗车或驴车，有的用牛车驮着水桶。

"这些人来自农村，大多是卖菜的小贩与卖花和牛奶的姑娘、卖面包的、卖鸡鸭的、卖水果的，还有一些人被称为'醋人'，因为他们卖的是腌渍的酸味食品。"塞内克斯停了片刻，将本来又开了的手指尖又凑到一起，"诚然，除了自由精神以外，虔信依然存在，只是它不再是时代的唯一特征了，它更像是明朗的生活之下一股恒定而有载负力的潜流。它不会改变世界，进步也不会由它产生，但人们接受它。人们还从事各种业余艺术活动，膜拜女性……"

一辆车掉了个轮子，倾斜着停在了路边，车夫和一个当差的正忙着修理。"车轴断裂，车轮脱落，这我一点都不觉得奇怪，车颠得太厉害了。"贝蕾妮克得一直抓住座位才能坐稳，"我浑身上下哪儿都疼！"

"这时的道路状况一塌糊涂。此外车子还没安上弹簧，将车厢吊在其中的皮带几乎不能减缓任何震动和撞击，轮毂每天都得上油润滑。不过过不了多久就要有一种车轴发明出来了，上好油后可以用上一个月之久。现在还是回到我们的主题上来吧。艺术交易和艺术市场都在增长。人们喜欢美丽的东西——画儿、家具、饰物、时装、贵重的瓷器什么的。"

"您说过，只有极少数人有能力去享受这些东西。"

"但是像这样的享乐是前所未有的。在那以前一直为贵族和高层教士所把持独占的东西，现在任何人都能得到了——只要他付得起钱。奢侈打破了社会阶层的界限。巴黎出现了沙龙，每年还举办各种艺术创作的展览。法语成了全欧洲上层社会的通用语，除此之外他们往往还说意大利语和一点英语；说法语可以和各处的人交流，它进一步排挤了拉丁语。但拉丁语也好，法语也好，重要的是存在着一种优雅、能表达丰富思想的通用语言，让所有但凡受过点教育的人，都能用它进行交流。俄罗斯的叶卡捷琳娜大帝生为德国公主，在俄国宫廷里则说法语；普鲁士的弗里德里希大帝用法语和伏尔泰通信：这些只是成千上万个例子中的两个。洛可可时代的欧洲在思想上太受法国左右了，简直可以说当时的欧洲就是法国的欧洲。"

"真可惜没能一直这样下去——你们不这么觉得吗？"

没有人回答。

塞内克斯做了结论："法国把它的文化赋予了欧洲。"

"对我们并没有害处。"罗曼又强调了一遍。

"但同时英国的影响也很大。首先，人们认识到英国的议会制比欧洲大陆的好；因此在受过教育的人当中，一种对英国的迷恋增长起来，摆绅士派头可能是其中最典型的现象（哪怕不是最重要的）。洛可可时期没有像文艺复兴和巴洛克时期那样出现那么多重要的艺术大师，这个时期的作品显得更善感，力度上也差一些。"

"我觉得它们更矫揉造作。"斯特凡插了一句。

"但矫饰对于那时的人不算问题。'好品味'——用法语说是'bon sens'——成了一个固定的概念。建造供游乐的行宫是当时一个新冒出来的念头；过去英雄主义的东西，现在表现为情欲的。维纳斯成了受膜拜的女神，甚至连一些大主教也不管不顾地崇拜她。"

"那么微妙细腻的感情呢？"

"哦，人们很乐于接受这个，他们看不起粗犷的东西，并且一味地迷恋暗示影射，洛可可是一个快乐的告别时代——同陈旧的东西告别，同古典时代和中世纪告别。"

"当时的人意识到这一点吗？"

"有些人可能意识到了，至少是感觉到了转变。一个新时代露出了曙光。自然科学与技术的发展速度加快了。如果跟十九、二十世纪发生的一切比较，我们会觉得这算不了什么，但洛可可时代的人们强烈地感受到了转折。有句诗很流行：'一朵秋天的玫瑰比其他任何玫瑰都香。'这句诗中肯地刻画出了那个时代。"

"比其他任何玫瑰都香——这么说是比任何一朵在夏天盛开的玫瑰香喽？"

"就是这个意思。一种正在凋零的美——这也是洛可可。世界再也不会像过去那样了。有些人可能觉得通往天堂的门在他们背后关上了——是的,人确实失去了这个天堂,因为相信《圣经》里的伊甸园的人已经少而又少了。尽管有些伤感,新的享乐还是占了上风。陌生的、异国情调的东西大受欢迎,想象力抬起头来,大获全胜。"

"我以为当时是把理性提出来作尺度的。"

"这并不矛盾,逻辑与想象可以良好地互相补充。"

"宗教怎么样了?"

"民族国家变得重要起来,取代了信仰的位置。"

"我想这不是一种正面的发展。"

"可情况就是这样。大量的小国、王国、侯国、伯爵领地对所有生活于其中并认同它们的人来说越来越重要。人们对一切新生事物,对别人、别的书籍、别的城市和国家的兴趣也越来越大。"

"那人们一定经常出去旅行喽?"

"是的,迁移和旅行都成了时髦,而且走多远都不怕,因为旅行的条件越来越好,马车越造越精良,跑得也越来越快。看到了很多新鲜事物的人们也乐于放弃传统。但人们也体会到,传统有着十分顽强的生命力。"

"这我可以想象!观念改变起来可慢了!"

"表达新思想很容易,但要变成一种新的行为,则需要很长的时间。"

敞开的门里散发出腐败的气息

他们离城市不远了，来往的车辆越来越多，房子也更多了，房顶颜色各不相同，黑色、蓝灰色、铁锈红、黄色、橙色，以及砖被太阳晒褪了色而呈现的粉红色。

马车的车轮辚辚滚过铺石路面，街道的两侧是高大的建筑，他们穿过古老的护城墙，又穿过一道门，上了林荫大道。大道上华丽的马车往来穿梭，轿子晃晃悠悠，各种声响混杂在一起。他们一路上经过了宫殿、银行、交易所，有的巷子窄得几乎连两辆马车都无法相让。在那些肮脏的街边立着最旧的房子，有五到七层，烟囱像一根根炮管指向天空，房子的一楼是杂货铺或工场，那里的人们夸耀着自己的产品和商品，人声嘈杂。玩杂耍的、变戏法的、扯着嗓子叫卖的，这一切让人觉得像是到了一个大年市。一片熙熙攘攘之中，他们终于到了一座跨在塞纳河上的桥边。在桥的上游是塞纳河的两条岔流。

"这是新桥。"塞内克斯的情绪很好，"你们也可以从亨利四世的立像上认出它来——看见了吗？在那儿。桥虽名'新桥'，但却是巴黎最古老的桥。"贝蕾妮克向下望去，瓦蓝的天空让河水泛出微光。水流载着驳船，肮脏的绿色河岸边堆放着桶、板条箱、树干等杂物。

他们又经过了一条巷子，其中的噪声更大。有一会儿工夫，一辆运水车把路堵住了。但车夫吆喝着马，车轮便滚过了路上的沟，八个马蹄子又在路面上清脆地敲起来了。这时出现的房子已经很高,连天空都被它们挤成了窄窄的一条,漏下来的光所剩无几。宏伟的建筑物旁,摇摇欲坠的小房子紧巴巴地挤在一处。到处都很难闻,腐败的臭气从地下室里泛上来,窗户下部都快接触到地面了,所以只好用栏杆加以保护。走路的人会被马拉的车挤到墙根,其中有些是跟着师傅扫烟囱的半大孩子。

"他们差不多还是孩子,而且个头儿必须得非常瘦小,这样才能钻到烟囱里去活动。干活的时候,他们得手脚并用,膝盖和胳膊肘也都得用上,还得在头上套一只袋子,防止烟灰跑到眼睛里。他们简直就是能说会跑的刷子。"

"真可怕!"贝蕾妮克喊道。

"那时候这都是自然而然的事。穷人家的男孩会为一个能挣上几个苏的活而争抢。一个孩子算不了什么,被卡住了、憋死了,孩子还有的是呢。"

他们的车一拐弯,上了巴黎圣母院前的广场。

"我们现在是在'城岛'上,"塞内克斯解释道,"这座主教座堂已经矗立了大约五百年了。你们肯定注意到了,很多古时候的建筑现在都还可以用。"

"比如教堂!"

"不只是教堂,还有宫殿和城堡——遗产越来越丰富,当然遗留下来的负担也越来越重。古典时代的建筑,如古罗马广场,曾被毫无顾忌地当成采石场。这种事当然不会发生在基督教堂身上。后来,和很多教堂一样,巴黎圣母院里的许多塑像都遭到人为的毁坏——法国大革命也是一场反宗教的文化革命。"

教堂那饰以玫瑰花窗的主入口向上延伸，成了两座光秃秃的、尚未完成的塔楼，大钟正沉重地敲响。马车开过来了，曳着长裙的女士从车上下来，后面跟着戴宽边帽、双颊红润的女孩子。仆役上前帮助她们，还有佩着花边胸饰和珠宝纽扣的先生相陪。他们在教堂投下的阴影里走向雕花的主门。也有市民匆匆赶往教堂，他们穿着朴素的外衣，里面露出绣花的背心。

塞内克斯指向街道对面，说："看那家咖啡馆，我们可以在那儿一边谈启蒙运动，一边观察过往的行人。"

和别的建筑不同，咖啡馆所属的立面维护得很好，有着花形图案和雕塑装饰，十分吸引人。

走到近前时，塞内克斯让三个青年注意看广场左侧。"那是'上帝的客栈'，也就是给穷人开的医院。"

很多人在那儿出出进进，有的人拄着拐杖一蹦一跳，有的人绑着肮脏的绷带，一个个瘦骨伶仃，忧愁而憔悴，迎送他们的是好心的修女。她们身着黑衣，袖子宽大，白色的领子遮住肩头，船形帽白色的帽尖在风中飘摇。

理性之光

巴黎——欧洲的思想之都

塞内克斯打开咖啡馆的门:"进去吧!"

三个人惊异了——这里多豪华啊!

"这是那些去巴黎圣母院的高雅人士会聚的地方。家具还保持着'路易十五风格',这种风格以路易十五命名,最纯粹地体现了洛可可之风。它极富装饰性,带着浓厚的宫廷气息,优雅、精致,这一点你们可以从精雕细琢的护壁镶板和大量装饰用物品上看出来。路易十五是太阳王路易十四的重孙。太阳王活过了他的儿子和孙子,而这第十五个路易,1723年时才十三岁,便被宣布成年并继任国王,由他的叔叔奥尔良公爵菲利普摄政。这个漂亮的男孩儿被他那些教师训练得高贵优雅,言谈举止毫无瑕疵。从七岁起,他就得不时地接待客人、接见臣属,主持游行、宣誓、颁发奖章、授予荣誉,在无数张陌生面孔前也会腼腆羞涩。长成青年男子后，人们说他英俊、优雅、强壮、成熟，但这些不是统治好国家的条件。不过你们先坐下吧，别拘束，这儿什么也打不碎。这家咖啡馆布置得如此豪华，也得感谢那些把巴黎视作精神之都的人，他们不顾一切，大批来到巴黎。"

塞内克斯走向窗边的一张圆桌，外面就是广场，上面行人来来往往。

欧洲历史上最重要的思潮之一

装饰得过分繁复华丽的店堂里响着嗡嗡的交谈声。客人们穿的都是那个时代的时髦衣裳。

塞内克斯环顾了一下四周："天还很早，但他们已经来了，有花花公子、游手好闲的人、文人、恋人、银行家、税务官、军官、来巴黎碰运气的人、赌徒、自称贵族的骗子、教士以及与他们为伴的公爵夫人、伯爵夫人、女演员——看——还有某一类年轻女子。"

那些年轻女孩看上去像瓷器做的小人儿，肤色白白的，脖子细细的，四肢柔弱。

"她们到这儿来干什么，这个，最好别问。"

人们有的在阅读摊开的报纸、传单、法律书，有的在专心致志地下象棋、跳棋或是玩多米诺骨牌，形状优美的杯子被优雅地举到唇边。很多先生还抽烟，烟草气息充满了店堂，不过最多的还是在讨论。

塞内克斯向旁边那张还空着的桌子点了点头:"马上就会有人占用这张桌子。"

"我真想立刻知道那是谁!"贝蕾妮克答道。

"可以理解——你们就要看到走在时代前列的几个人物了。你们都知道,我认为启蒙运动是人类历史中最重要的思想潮流之一。"

"为什么?"

"因为自约四万年前智人出现以来,启蒙运动形成了人类最重要的发展纲领。"

"您这个断语非同寻常啊!"

"我一般避免这么明确地表达个人见解,但启蒙运动是个例外。有个聪明人曾说过:'在启蒙运动中"变形虫"成熟了。'你们已经算是经历了'变形虫'的变化,应该能理解这句话。"

"走着瞧吧。但是来人会是谁呢?"

"我希望会有像伏尔泰和卢梭这样截然不同的人物在场,也许再加上狄德罗。柯尼斯堡的康德大概不会来这儿,他根本就不喜欢旅行。但是不管怎样,这样一场聚会从来就没有发生过,就像进化公园里的一切。"

"我想,我们已经无法区分清楚'诗'与'真'了。"

"没有发明精神就没有创造。"塞内克斯以哲学家的风度回答,"在我们的第一个客人到来以前,我还要就这个时代说几句,介绍启蒙运动出现的前提。"

侍应生送来了咖啡、搅奶油、冰糖和蛋糕。

"这套瓷餐具来自万塞讷。"塞内克斯拿起一只空杯子对着光，使它透出亮来，"工场不久就要迁到塞夫勒，并且将会以这个名字获得很高的声誉，至少与迈森①齐名。"

手工工场数量在增长

塞内克斯啜了口酒："手工工场——这个词很关键。你会感兴趣的，贝蕾妮克，因为它也涉及妇女，而且属于被称为'Ancien Régime'的时期。"

"Ancien Régime？"

"意思是古老的政府或古老的政体，指的是法国大革命以前波旁王朝的统治②。那时候，没有工作、生活脱离正轨的妇女数量激增，很多人四处流浪，以乞讨或卖淫为生；而那些没有被这样一种命运压垮的人，便在数量越来越多的手工工场里做临时工。"

"手工工场都制造些什么呢？"

"各种各样的东西，在塞夫勒是瓷器，其他地方主要是纺织品。穷人即使找到了工作，也仍然是吃大亏的。他们属于从手工劳动到机器生产的发展链条中最薄弱的一环，从早到晚得累死累

---

① 迈森位于德国萨克森州，以制造瓷器著称，欧洲出产的第一批瓷器就是在这里制成的。
② 波旁王室起源于法国中部的波旁地区，从16世纪开始断断续续地统治过欧洲多个国家，以守旧著称。

活地干,没有工会,没有利益代表,也从来得不到帮助。"

"这是地地道道的剥削嘛!"

"事实正是这样,而情况的改善非常缓慢,简直可以说太慢了。启蒙运动为此也做出了贡献——虽然改善社会条件不能说是他们的目标。"

人们想要一种纯洁的信仰

贝蕾妮克试着想象女工的日常生活,她目光低垂,搅着杯子里的咖啡:"那启蒙主义者想要什么呢?"她盯着塞内克斯的目光十分严厉,就好像他也有错。

"请回忆一下笛卡尔,他希望每个人在任何时候都能独立思想。我先介绍启蒙运动最显著的特征:启蒙主义者(为了简单起见,我就用这个笼统的概念)严厉批判他们那个时代的教会,因为教会的富有给经济造成了很大的负担,也因为教会借助政治权力控制着人们的思想。最严重的是罗马天主教廷,他们压制一切异己的信仰,在教育中也占着主导地位——几乎所有学校都在它管辖之下。伏尔泰和狄德罗都接受过出色的耶稣会教育,笛卡尔也是一样。现在这些人的学生开始反对书籍审查制度,因为他们老师的作品也在禁书目录上。"

"或者可以把一个针对革命的词稍稍改动一下——宗教释放了它自己的孩子!"

"是不情愿的，斯特凡！"

"启蒙运动主要就是反对教会和信仰吗？"

"人们想要一种纯洁的信仰，它可以同理性、良知和自然科学和谐共处。这种思想主要是在新教的北德、英格兰、苏格兰、斯堪的纳维亚和瑞士的加尔文教派地区传播。许多聪明人都认为信仰和进步不一定互相阻碍。他们想对宗教信仰进行比路德更有力的改革，希望仪式和教规都能摆脱中世纪那种过度的夸张（比如相信地狱的烈火）。不过，即使是英国哲学家大卫·休谟这样影响重大的怀疑论者也认为宇宙秩序不大可能是从偶然中产生的。"

"我也觉得不太可能，就像莎士比亚的《哈姆雷特》不可能是一只猩猩在笔记本电脑上敲打出来的一样！"罗曼说，"猩猩还是我们的近亲呢！"

"给它五百代的时间试试！"斯特凡笑着回答。

塞内克斯继续说："对很多启蒙主义者来说，即使不想放弃有一个超自然的造物主的想法，一个基督教的、像人一样的'神奇上帝'的存在也是大可怀疑的。因此，成立于这个世纪的共济会的成员只将'造物主'描述为'一切世界的万能建筑师'。"

罗曼看到斯特凡疑惑地皱起了眉头，便问塞内克斯："启蒙主义者也想获取政治权力吗？"

"在这一点上他们比较犹豫，当顾问和批评家让他们感觉更好。他们不知道能用什么来替代君主制，而政治党派只会让他们联想起以私利为目的且毫无成效的派别之争。"

"这倒是很有道理。今天还不是一样！"

"启蒙主义者又怎么能相信民众有搞政治的聪明呢？在他们眼里，民众是无知、落后、迷信和胆怯的，是愚钝的乌合之众，对王冠和祭坛一味盲目地忠心耿耿。在他们看来，更重要的是让政府更高效地工作，并且能更宽容一些。"

"我以为这本来就应该是政府最主要的任务。"斯特凡又推了推眼镜。

"人们刚刚目睹了欧洲变成血流成河的宗教战场。如果以上帝的名义可以发生如此多的血腥和恐怖，那么各种教派的高层和因信仰而与之结盟的世俗君主带来的显然不是福气，而是恐怖。"

这时，塞内克斯把手指抵在嘴唇上，用目光向门口处示意。

启蒙运动——一个划时代的事件

启蒙运动的领袖

三个人走了进来。其中一个个子特别矮，简直说得上是孱弱，长着个硕大的鼻子，脸部线条清晰，双颊凹陷，薄薄的嘴唇，尖下巴。他衣着华丽，上身是一件有着金线编带的猩红色外衣，以及同样颜色的背心，下着长裤和靴子。他弓着背进来，却掩不住他的高傲。那双灵活的眼睛咄咄逼人地打量每一个人，扑了白粉的高额头像在彰显他的睿智。他的头发卷成发卷，一直垂到肩上。第二个人看上去很有学问，头顶几乎全秃了，浓密的眉毛只长到眼睛中部，外眼角显得光秃秃的，嘴巴四周诙谐活泼的线条令人惊讶。第三个人的样子格外引人注目，他也许不是法国人，因为他周身裹在一件东方风格的长袍里。他的头发剪得很短，在那张表情生动的脸上，一双眼睛目光锐利，但忽然间又会变得柔和迷蒙起来。

"他们是伏尔泰（本名弗朗索瓦－马利·阿鲁埃）、德尼·狄德罗和让－雅克·卢梭。卢梭刚从日内瓦来到这儿。"塞内克斯用半大的声音解释道，"先说说卢梭，他对后世的影响最大。他是一个日内瓦钟表匠的儿子，没受过正统的教育。他四处漫游，有时给雕刻匠当帮工，有时当仆役，后来主要是靠给人抄乐谱维持生计。"

"可他居然还能那么出名？"

"巴黎和凡尔赛的沙龙向这个羞涩腼腆的人敞开了大门。"

三位先生刚在圆桌旁坐定，侍者就送上了咖啡和糕点。

"您的《百科全书》的下一卷什么时候出版，狄德罗？"伏尔泰问坐在他右手的狄德罗，"我认为您的著作是我们这个时代最重要的作品。"

"您这么说吗，伏尔泰？您才是我们最杰出的作家啊！您是我们国家的荣耀。至于达朗贝尔和我的《百科全书》——您知道，为此工作的是最优秀的学者们；这部书应该包含我们这个时代的全部知识和思想。"

伏尔泰点点头："我认为，从牛顿以来自然科学上的重大成就看来，经验和实验是通往真正认识的唯一道路。"

这时，卢梭清了清嗓子。他头一次发话了，声音虽然很轻，但充满不容争辩的意味。"人只有在自然的状态下才能善良、快乐，而文明会使他变得邪恶和忧郁！"

伏尔泰盯着这个穿长袍的人，目光简直是毁灭性的。但他没有说话，好像觉得日内瓦钟表匠的儿子不配得到他的回答。

卢梭没注意到这个，或许是不想理会，他继续说："在我的小说《爱弥尔：论教育》中，我提出了一种接近自然的教育思想，用自然和心灵的感受取代理性。"

"好了，听说您连自己的五个孩子都不那么关心呢！"伏尔泰到底喊了起来，"您把他们全都送到一家育婴堂去了！"

卢梭浑身一凛，喃喃说道："当时这对他们是最好的！"

"呸！"伏尔泰说，"谁都知道在那种地方等待着那些可怜虫的是什么！"

卢梭受了伤害，气咻咻地说："我们养不起他们！人是生而自由的，却无往不在枷锁之中！"

狄德罗和伏尔泰吃惊地瞪了他好大一阵子，因为他们一时听不出他的话和伏尔泰对他的指责有什么关联。不过他们随即明白了卢梭想表达的意思——命运缚住了他和妻子的手脚，他们没有别的办法。卢梭很快地说下去："但我们不是为了说这个才来这儿的，狄德罗。顺便告诉您一下，我正在为《百科全书》写作我最后一篇关于音乐的文章。如果我没数错的话，我写的文章已经超过三百五十篇了。"

"伟大的让-菲利普·拉莫拒绝写，这是您的幸运。"伏尔泰挖苦道，"我认为他是在世的最伟大的作曲家。"

"嘿！我也写过芭蕾歌剧！"卢梭生气地喊起来，"而且获得了很大成功！"

显然伏尔泰不想听这些，他望着狄德罗说："那么，您的《百科全书》编到什么程度了？"

"我们遇到了数不清的困难。前七卷刚遭到巴黎法院和教皇的审判,政府取消了我们的印刷资质。"

卢梭这会儿也伸展开四肢,很骄傲的样子,因为他也在受迫害的人之列,甚至还胜过那两个人呢。"巴黎议会还对我下了逮捕令!如果说有哪个机构沾有可耻的污点的话,那就数这个巴黎议会了!这也是我乔装打扮、穿这奇怪长袍的原因。"

"我们不能丧失勇气。"狄德罗说,竭力保持谈话的和平气氛。他把手搭在卢梭的胳膊上,说:"只要有勇气!在我们法国,打着捍卫真实信仰的旗号对人严刑拷打、施加火刑,还有宗教裁判所和十字军东征都是过去的事了。幸好我们的基督教会已经变得迟钝,在某种程度上也宽容起来了!"

"而在西班牙,每当为了所谓的真实信仰而执行火刑时,空中就会弥漫着尸体烧焦的气味,"伏尔泰道,脸颊上泛起了激动的红晕,"甚至那个本该嫁给我们国王的年轻公主从巴黎返回西班牙的时候,迎接她的也是九个人的火刑,他们刺耳的呼喊声吓坏了她。每年的八月二十三到二十四那一夜,也就是圣巴托罗缪大屠杀之夜,我的心中都会重新涌起憎恶之情,而这已经是两百年前的事了!我认为,我们的教会不仅仅是陷在谬误之中或是没良知的问题,它的统治根本就是残酷的、灾难性的。它宣扬和平,那纯粹是虚假的表象,实际上他们撒播的是不和与屠杀的种子。过去两个世纪的宗教战争中流淌的鲜血简直能汇成海洋。"

狄德罗像是要安抚伏尔泰的激动心情似的,用劝解的口气说道:"您说得对,伏尔泰。因此《百科全书》的大部分篇幅都是关于艺术、手工业、自然科学和技术、工业、农业的报告，这些都是达朗贝尔和我认为法国的现代化绝不能放弃、不能忽略的领域。"

接下来是一阵沉默，塞内克斯利用这个机会说："卢梭是最重要的启蒙主义者之一，但他超越了启蒙运动，因为他将世界上的一切弊端归结为文明化的结果，并为人类的自然状态而战。在《社会契约论》一书中，他提倡一种根本性的转变，即让个体的意志自愿地服从于全体的意志。他的观点是，真正的自由就存在于人自觉自愿的自我约束之中。他本人的性格十分暴躁，总幻想自己遭人迫害，是个偏执片面的思想家，但他的影响还是很大的。他主张只教给女孩宗教和手工，不让妇女接受较高层次的学校教育。"

贝蕾妮克伸出大拇指指向地面。

塞内克斯微笑起来，眉毛凑到了一块儿。"卢梭讨厌聪慧的女子，他希望看到的女子是羞涩和谦逊的。他认为她们没有男子聪明，所以她们受的教育仅仅应该使她们可以更好地服务男人。"

贝蕾妮克的气愤几乎溢于言表，然而伏尔泰比她开口快——他又接上了刚才被打断的话头，冲卢梭喊道："我很清楚您受不了我，您已经多次向我表现出来了，包括在您那些针对我的诽谤诗里。您想做什么都随便，但您是个极端自负的对手。"

卢梭只撇了撇嘴："我们最好还是谈《百科全书》吧。"

教育民众——这正是我们要做的

伏尔泰表示赞同:"对我们这个腐朽的政府来说,《百科全书》犹如一匹特洛伊木马!"

"我希望它为启蒙做些贡献!"狄德罗的回答要谦逊一些,"我们的政治体系当然是不理想的,伏尔泰,但您想拿什么来取代它呢?是啊,我们要是在英国就好了!但法国特色的议会制简直是个废物!"

"对,它只是为那些维护自己贵族特权的人开的自助商店。"

卢梭抬起头:"在《社会契约论》中我阐释了一点,国家应该是一个'由个体意志汇合成整体意志的自愿结合体'。因此我认为,所有的主权都来自民众!"

"呸!民众!"伏尔泰像吐一口痰似的吐出这个字眼,"民众是由一大帮文盲、农民、打短工的和农奴构成的。他们在官方的文书上画叉,而不是写名字。我们为此感到遗憾,但我们可不能把执政权交到他们手里!"

"那就得让他们受教育,伏尔泰。"卢梭说这句话的时候,就像是在给一个无知的人解释什么不言而喻的事,"这正是我们要做的——教育民众!"

"您还是先想想怎么让人们能填饱肚子,学习读书、写字吧。然后很多结果就会自然而然地出现了!"

"同意,我觉得比政治影响更重要的是知识分子重视《百科全书》!"

"但谁会去买这么贵的一部书呢,狄德罗?"

"肯定不会是民众,连思想激进的市民也不会买。"狄德罗无可奈何地耸耸肩,"买书的人也不会是商人,虽然我们把重心放在贸易和技术上。法国市民只对怎么尽快捞到钱和名誉感兴趣。我们的读者主要在社会地位较高的职业中,比如法律人员、管理人员、官员、大贵族、庄园主、各省那些德高望重的绅士,还有——您权且听着——高级教士。"

"这不奇怪。"伏尔泰讥讽地撇一撇嘴,"一方面在高级教士中有受教育程度很高的人,另一方面他们又要知道我们对他们有什么威胁。我们对教会的监管越来越不满了嘛!"

基督教和理性就像水与火

卢梭抹了抹下巴,他很想应对点什么,但一时又找不到合适的话。这时,狄德罗发话了,表示支持伏尔泰的进攻,虽然语调要柔和些。

"但愿我们很快能从思想的桎梏中解脱出来。"

"只有头脑简单的人才会相信灵魂和天使、魔鬼和女巫,理性知道这类东西根本不存在。"

"只有自然!"卢梭喊道。

"自然也不过是一个由各种物体组成的系统,别的什么都不是。"伏尔泰居高临下地说,"如果我们用理性的目光去看待基督教，就会看到它一无是处。所谓的奇迹不过是寓言，是精心编织出来的疯话，只是为了影响无知的人，堵住他们的嘴，令他们恐惧！但自然科学会揭穿这样的装神弄鬼。"

狄德罗点点头，谨慎地向卢梭瞥了一眼，说："我也认为让基督教与理性达成妥协是白费气力的事，它们是水火不容的！"

"对！"伏尔泰喊道，"我们知道，上帝在创造了世界以后，就不曾再对它施加影响了，他也不会借助启示和我们说话，因此我持自然宗教的观点。"

"我喜欢听这个。"狄德罗说，他知道伏尔泰喜欢听奉承话。

"好，之前我也相信一种毫无教条的信仰，其中有个心肠很好的上帝，但自从里斯本发生大地震，三万多无辜之人倒在血泊里以后，我的这个想法就消失了。"

这时卢梭半直起身，双手抓着桌子，激烈的话语炮弹一般冲着伏尔泰发射过去："胡说！里斯本的灾难您既不能让自然负责，也不能让上帝负责，而要让所谓的进步负责。是这种进步促使人盖起了两万座六七层高的楼房，地震一来，它们当然会倒塌。您，伏尔泰，您本人生活富裕快乐，把世界描写成痛苦的深渊，而不告诉人们这些不幸是他们自己造成的，也不告诉他们怎样才能避免不幸！"

"请您别激动！"狄德罗轻轻地把卢梭按回椅子里，再用另一只手把正要站起来的伏尔泰按住，说，"朋友们，我们走的道路虽然各不相同，但要达到的目的都是让人们更自由、更幸福、更无忧无虑，摆脱迷信的恐惧和教会的监督。在这一点上，我们是统一的啊！我们不都想让人民运用他们的理性吗？"

卢梭和伏尔泰顺从了狄德罗。这时狄德罗问卢梭："您要去伦敦吗？"

"我大概找不到别的避难所了！"

"那么——"伏尔泰的语气平静些了，因为卢梭面临的危险让他觉得他们是在同一个战壕里，"那么您就能见到大卫·休谟，听他亲口说出相信造物是上帝存在的证据是毫无道理的。对他来说，一个有能力进行理性思索的人相信奇迹，这本身就是个矛盾。我也是这个观点，我发起的进攻开始也只针对教皇、耶稣会和神父，但如今我甚至反对基督教的上帝。"

伏尔泰压低嗓音问道："您说，狄德罗，对于人的起源和使命的问题，《圣经》给了我们什么样的答案呢？难道世界果真像其中声称的那样只有六千年的历史吗？亚当真的是第一个人吗？伊甸园里真的有条蛇与他和夏娃交谈过吗？一个仁慈的上帝真做得出让大洪水把除挪亚一家以外的所有人类都毁灭这样的事吗？"

"这些怀疑又引发其他数百个问题，"狄德罗回答，"历史、道德、科学、神学等各方面的问题。其中有一些，达朗贝尔和我希望能用《百科全书》来做出回答。"

"但绝不会是在教会的意义上！"

彻底消灭一切卑鄙

伏尔泰和狄德罗越说越激动。卢梭正在向伏尔泰发火:"您的做法,就好像那个您根本不承认的上帝侮辱了您本人似的。"

"我的一生都在和虚伪的宗教这个魔鬼作战。"伏尔泰答道,"开始时我只是为宗教自由而斗争,但我对教堂越来越反感!"

"但如果您今天要求'彻底消灭一切卑鄙',那您就做得太过分了!"被激怒的卢梭咻咻地喘着粗气。

伏尔泰在袖子上掸掉一粒假想的灰尘,声音尖锐地喊道:"我再重复一遍——消灭一切卑鄙!"

卢梭定定地盯着他,像只瞪着对手、顷刻之间就要带着尖嘴利爪扑过去的公鸡。

狄德罗愣住了,一副茫然无助的样子。房间里顿时安静下来。所有的脸孔都像面具一般苍白,所有的眼睛都望着争论的两个人。

斯特凡本不相信超越感官的体验,但此时此刻,他眼前突然出现了一幅幻景:咖啡馆的四壁消失了,四周是一直延伸到地平线的人群,他们沉默着、谛听着、凝望着。

奇怪的是,塞内克斯好像看到了类似的东西,对他耳语道:"这场辩论惊动了全欧洲的知识分子!"

幻觉消失了。狄德罗又恢复了常态,卢梭却仍在咆哮:"伏尔泰,您到死都会是一个无神论者!"

"那将是我的荣幸!"

"我希望您进地狱!您是我们这个时代的反基督徒!"

"您两位都是急脾气!"狄德罗开始调解战斗,"对我来说,启蒙意味着认识各种现象的原因的能力!科学的巨大成就肯定会对人的思想起作用。"

伏尔泰向后靠去,任何思想上的辩论对他来说都是头脑的享受。他表面上看起来十分暴躁,但从根本上来说,他永远不会激动,一切只是唇枪舌剑。"理性将解放世界,赋予人们做出杰出成就的能力。"他说着,就好像在读一篇信仰宣言。

渐渐地,咖啡馆里的其他客人都从三个讨论家身上转移开了注意力,又去下棋、聊天、享受咖啡和糕点了。

狄德罗对卢梭说:"您不也对机构化的宗教持怀疑态度吗?首先,我们同样指责关于原罪的野蛮教条,而且我们不也都深信人不靠超自然的力量也能理解宇宙吗?"

"我只不过是反对夸张。"卢梭回答,极力保持平静,因为他在经济上受制于狄德罗这个委托人,"但理性的独自统治不应该是我们唯一的目的。我们同样需要想象力、善感,需要感性认识。"

"好了,"伏尔泰宣布,"脱离了经验和感受的理性肯定会导致荒谬。"他带着倨傲而宽容的微笑说:"这已经在我的小说《老实人》中表现出来了!小说的主人公受莱布尼茨关于现存世界是所有可能存在的世界中最好的断言的蒙蔽,对于他面前发生的一切痛苦都无动于衷。如果说我质疑上帝的仁慈与怜悯,那么我也同样摒弃苍白的理性主义,而这种理性主义很容易隐藏在一种哲学式的乐观主义背后。我敦促人们做出实际行动！比如我主张天花疫苗接种——它在英国的实行取得了很大成功，而在我们这儿却遭到神学系和医学系的双重抵制！"

狄德罗点点头："人甚至会因为这个被投到巴士底狱里去！"

"海峡对岸的人开明得多！我们这儿由于存在着不理性的偏见，到现在仍然每年都有三万人死于天花。"

疾病和苦难不是前生注定的

狄德罗深深地透了口气——卢梭和伏尔泰之间动起武来的危险似乎是消除了，他很想谈谈宗教之外的另一个领域。"进步当然不是轻而易举的，但是可以做到的；自然科学、技术和工业肯定能够使我们控制自然。您怎么想，卢梭？"

卢梭一副疲倦的样子："我看重的首先是风俗的改善，我不认为科学和艺术对此能起到什么作用。"

"思想自由、言论自由、出版自由、信仰自由以及自由从事宗教活动的权利——这些必须是我们的基本要求。"伏尔泰说道。

"这意味着革命！"卢梭喊起来，"这我已经写在我的小说《爱弥尔：论教育》里了。危机正向我们步步逼近，大君主国不可能再长久地维持下去了。"

"您要的是'回归自然'吗？"

"当人们还在为确保他们的生存而劳作时，他们是生活在纯朴、自由、均衡的牧人群体中。"卢梭此时俨然是个讲师，"那是人类最快乐、最稳固的时期。糟糕的是，随着劳动分工和商品交换的发展，一切都变了；自然淳朴的人生观发生了变化，自私自利产生了。那第一个圈起一块地说'这是我的！'的人其实就是我们的社会的创建者。如果有个人拔掉界桩，高喊'小心，不要听那些骗子的！'，他会为我们免掉多少罪恶、战争、杀戮、恐怖和苦难啊！从自然向文明状态的过渡就是一切罪恶的根源！"

对自然教育的要求

看得出来，伏尔泰很乐意斗下去。"再没有人像您这么激烈地抨击人类社会的可憎之处了。"他对卢梭说，唇上又浮现出一片讥讽，"谁能像您在力争把我们重新变回野兽的同时让思想放射出如此灿烂的光芒呢！您简直让人渴望重新四脚着地行走！"

"唉，伏尔泰，"卢梭半是无奈、半是生气地答道，"您让我觉得无聊。这话您有一次已经给我写过了。我可没有想过要恢复那种动物式的单纯。在《爱弥尔：论教育》里，我提出了用自然教育取代传统教育要求的方法，它可以避免文明的有害影响。"

"难道您赞美人类的原始状态是黄金时代吗？"伏尔泰笑着问，"值得追求的不是人们赤身裸体地跑来跑去、吃橡子、无意识地瞎哼哼的时代，而是人们享受着科学和艺术的进步为他们带来的一切欢乐的当今时代。唉，卢梭，我仔细地读了您的《社会契约论》，不得不告诉您，其中到处是谬误和矛盾。"

"它也正是为此在日内瓦成了禁书，在巴黎被焚烧！"卢梭嘲讽道。

"这可与我无关！"伏尔泰声明，"我会为捍卫您自由发表见解的权利而走上火刑堆，这您是知道的。但回到我们的主题上来：我们对人的天性了解得还太少，这方面的探索还需要大力进行。为此，我们也需要那些在自然科学中越来越多地得到运用的方法。遗憾的是我们指望不上那些大学，能帮助我们传播思想的连一所也说不上，连巴黎索邦大学也做不到。"

"可惜正是这样。"狄德罗点点头，"我们只好不停地去寻找新的途径。最有帮助的是沙龙——谢天谢地，这样的沙龙有很多。我简直不知怎样赞美那些为思想出力的夫人才好，是她们使我们得以结识有影响的人物；她们传播新的真理，言谈中带着我们的学说。要不是通过她们，我们上哪儿去寻求支持呢？"

塞内克斯转向他的三个年轻朋友。"狄德罗说得对，人们在日后也只能确认这一点。那时候，所有的夫人都争着在她们的沙龙里介绍伏尔泰或卢梭，而这两位先生往往很恼火，对他们用锋利的笔触攻击其存在权利的那个阶层充满轻蔑，不过对他们受到的钦佩景仰还是很满意的。这种崇拜简直发展到了连国家官员和高级教士都放弃抵制、转而支持新哲学的地步。"

飞进新时代

一个刻有罗马数字的圆盘

塞内克斯突然皱起眉头，似乎想起什么重要的事儿来。他从兜里掏出一个系在链子上的银色小盒子，按了一个小小的按钮，圆形的小盖子便弹了起来，露出来的是一个明亮的圆盘，上面刻着精致的罗马数字，还有两根大小不同、装饰繁复而精美的指针。

塞内克斯把它平放在掌心上，说："这块表产自卢梭父亲在日内瓦的工场。在发明了弹簧驱动装置和游丝以后，钟表挣脱了必须固定放置的束缚，小巧而可以随身携带的表开始被制作出来，并且达到了前所未有的精确程度。这种表走得更准，价格也便宜多了。钟表制造业让人们意识到了劳动分工的好处。弹簧是由专门做弹簧的工人制造的，另外又有专门做齿轮、链条、表壳、表盘的。有各种由经过专门训练的人员经营的小工场，在英国它们主要是在伦敦城外，因为那儿的劳动力廉价得多。"

斯特凡往上抬了抬眼镜。"好家伙！这不仅是劳动分工，简直称得上是全球化了！"

"可以这么说，只不过程度还没那么高。我们将经历它的开端——那迟迟疑疑的第一步。但还是回过头来说表吧。英国的国民经济学家、哲学家亚当·斯密在他划时代的著作《国富论》中说，由多个专门的工人分工合作制造怀表比单个人制造好得多，也便宜得多。有人做齿轮系统，有人做弹簧，有人做表盘，还有人做表壳。凭着他们的专业化和知识，钟表匠现在成了人们渴求的职业。在别的领域里也是这样。好了，现在钟表把一种新的节奏强加给人，令人臣服于时间；在它的机械性质之外，钟表也有了哲学意义。不过，这块表告诉我现在已经十一点了——我们要去参加一场历史事件，这是一场名副其实的'历史性'事件。走吧，马车还在等着我们呢。"

"我们去哪儿？"贝蕾妮克问。

"回凡尔赛去。我们坐在这儿的工夫，时间已经又过去了二十年。现在的统治者是路易十六，他是大革命和拿破仑之前的最后一位法国封建专制君主。"

所有通往凡尔赛宫的路都堵住了

塞内克斯站起来的时候，贝蕾妮克再次暗自惊叹了：他是多么纤瘦啊，简直几近于透明！三个年轻人跟在他身后，在巴黎圣母院前的广场上信步走着。大教堂沐浴在阳光之中，阳光在立柱、雕塑和花窗之间投下了奇形怪状的影子。

塞内克斯拐进一条小巷，他们的车就停在那儿，马儿垂着头，车夫坐在驾驶台上打着瞌睡。塞内克斯轻轻一捅，他就惊了起来。他们终于在填得鼓鼓的坐垫上坐下来，贝蕾妮克大声说道："太好了，讨论了这么长时间以后又可以让眼睛满足一下了，我简直等不及了！"

车子滚动起来，轮子在铺石的路面上轧出的辘辘声一时间盖住了所有的谈话，车辆、行人的数量已经大大地增加了，有时候人多得几乎走不动。到处都是行人，其间夹着戴宽檐帽的骑手，还有或华丽或朴素的马车和运货的棚车。

"出什么事了？"罗曼问，"似乎全巴黎都出动了！"

"还不只是这条街上！所有通往凡尔赛宫的道路都堵住了，凡是有轮子的，都被用作交通工具。还好我们中午前就到了凡尔赛宫，再晚点就几乎不可能了！"

"您不想告诉我们这是为了什么吗？"贝蕾妮克问，"好吧，没关系，我感觉这像是在圣诞节分发礼物前的时刻！"

塞内克斯微笑不语。他们的车只能以步行的速度前进，在窗口晃动着的总是同样一些脑袋，身体、脸庞、帽子和手帕汇成了海洋。辘辘的车轮声中混杂着谈话声、笑声、喊叫声，有时还有歌声。

他们在路上花的时间比从凡尔赛宫到巴黎长了一倍还多，

最后才终于到了。车停下来,再也没法往前走了,因为到处都挤得水泄不通。每个窗户里都有人探出头来。屋顶上有人搂着烟囱,或者骑坐在窗台上。期待在空气中振荡。

塞内克斯他们被挤到了一堵弧形的石头胸墙边。那上边已经坐着好多人了,像站在电线上的乌鸦似的。"就待这儿吧!"塞内克斯说,"我们没法再往前走了。反正在这儿也能看得很清楚。"

人们从四面八方拥来。

一个四边形的台子吸引了人们的视线。台子旁边竖着两根细杆子,像马戏团里用的那种。台子周围是一圈围栏,还有持枪的士兵。让贝蕾妮克惊奇的是一个只有几米高的圆形框子,类似篮子或是一面鼓。在这个怪模怪样的东西之上吊着个棉布织物和纸做成的罩,下端是开口的,看起来像个被两根杆子挑在空中的长袋子。虽然那东西瘫软着,不成模样,而且还有很多褶子,但贝蕾妮克还是看出了那上面的彩色画,她已经猜到那是什么了。从那东西上还引出八条绳索,由工人拽着。

这时塞内克斯将小秘密公开了:"你们看到的虽然不是世界上第一只热气球,但却是第一只载有活物的热气球。"

"是人吗?"

"不,不是人!"

"但这是一个蒙戈尔菲耶[①]气球吧?"

[①] 蒙戈尔菲耶兄弟是热气球的发明者。

"这可不是随便哪个——它就是那第一个蒙戈尔菲耶气球。"

热空气比冷空气轻

斯特凡快活地看着塞内克斯，请求道："您就快讲吧！您不是一直等着给我们讲吗？"

塞内克斯透了口气："蒙戈尔菲耶兄弟在这不久前发现，热空气会膨胀，变得比相同体积的冷空气轻，从而能够抬升物体。"

"这么说他们已经做过气球飞行试验了吗？"

"做过几次，虽然挺费劲的。1783年6月在昂诺内的市场广场上，气球第一次升上了天空，不是在巴黎，也没有载任何活物，但还是很成功的，它飞升了大约四百五十米。现在他们打算在国王亲临现场的时候再做一次试飞。"

"我们就是为这个来的吗？"

"天气好极了，只是在高空中有些风，但还无法测量。"

人们在高出一块的平台周围留出了一条通道。塞内克斯继续介绍："气球下部用柳条编成的篮子里有一个铁丝做成的架子，是用来放置燃料的，燃料是草和干柴。"

号角吹起来了，隆隆的鼓声盖过了人群交谈的嗡嗡声。一位略胖而衣着华丽的先生和一位美丽出众的女士从宫殿里走出来，由大批随从陪同，部长、宫女、侍从、官员……穿制服的仆人为他们留出一条通道。

"这是国王和王后。"

"哪两位?"

"路易十六和玛丽·安托瓦内特!"

有人欢呼了几声,但并不怎么有激情,大概所有人的注意力都被气球飞行吸引住了。国王及其家人走到平台上,有人登上台阶,把头伸进气球的开口和篮子里去张望,随后国王试了试绳索的力度,算是鉴定。然后他态度庄严地让人对技术上的细节、热空气较轻并趋于上升的原理等进行解说。最后他点点头,把手伸给他的妻子,两个人又轻盈地步下台阶。他们在平台前坐下来,国王还优雅地交叉起双腿。

一声清脆的爆竹声响令所有的人都吓了一跳。仆人爬上台子,点燃了气囊下的燃料。空气变热,充满了气囊,于是它立刻动了起来。它像一头饥饿难耐、有气无力的巨兽一般试图立起来,可重又跌倒了;但它的个头大了起来,由此也长了力气。这时,有仆人搬着个笼子过来了,笼子里关着一只咩咩叫的绵羊、一只嘎嘎叫的鸭子,还有只公鸡从里面探出头来张望。他们把笼子和气球下部牢牢地拴在一起,放在一边。本来在几根杆子之间的气球升了起来,轻微地摇摆着,越来越圆,最后终于整个支棱起来了,球面上蓝色、金黄色、红色的装饰闪闪发光,气球的鼓肚上挂着打褶的绸布旗子,像饭馆里跑堂的腰间挂的毛巾。

多么令人惊讶,又多么令人期待啊!气球已经是一个圆圆的球了。它更圆了,简直要爆了!人群骚动,又欢呼起来——还从来没有人见到过这么大个的东西悬在空中。

就好像要加入这欢庆的气氛中似的,绵羊和鸭子又叫了起来,鸡也打起鸣来。又是一声炮响,绳索被砍断了,气球下部张开的"喉咙"里吞吐着火舌,烟从侧面钻出来,飘到空中。观众都站在那里,个个像着了魔一般,简直都忘了喘气。广场上的空气滞重起来,但气球在上升。它缓缓地飘浮上去,成了一朵蓝色的云,下面吊着那个装着动物的笼子,人们冲着它们欢呼、鼓掌。笼子摇晃着向上攀升,周身的小旗在风中翻飞。

现在,气球已经得意扬扬地在空中航行,人们的惊异化成了一声长叹。

然后又是掌声和"乌拉"的欢呼声。

气球从容地转动着,向太阳飘过去。它渐渐变小了,像一个蓝色的月亮。人们向它送去热情的锣鼓和号角声。

接着气球潜入了一朵云彩——这种事可还从来没有人看到过!过了一会儿,它又露了一小面儿,人们看到它向侧面飞去。可随后,在如此顺利地升空之后,气球突然卷进了一股风的旋涡中,球面撕裂了,它开始下坠。

"飞行了十分钟后气球落在了一片树林子里,离凡尔赛宫有一个钟头的路程。"塞内克斯说。

"但真有意思!"贝蕾妮克兴奋地跳下胸墙,兴之所至,她按住了塞内克斯瘦削的肩膀。人群向街道上散去。

塞内克斯很高兴,等贝蕾妮克收回胳臂以后,他才继续说道:"两个猎区管理员找到了破了的气球,它挂在树顶上了。除了可怜的公鸡被那只绵羊踩了一脚以外,几只动物都安然无恙。

国王不久就批准让人做空中飞行，第一位实验者叫让－弗朗索瓦·皮拉特勒·德·罗齐埃。"

"那他是世界上第一个宇航员。"罗曼快活地喊道。

"这么说有点过分，但不管怎么说，人类开始了对天空的征程。从这一天起，又过了大约一百年，也就是到了十九世纪末，人类才真正谈得上飞行。"

"一百年算什么！"

"现在一切都发展得越来越快了，贝蕾妮克。又过了不到一百年，人类就开始在地球轨道上摆弄改锥和锤子了，甚至登上了月球。"

"我想，这一切都与哥白尼、伽利略、牛顿、笛卡尔和启蒙运动有关！"

塞内克斯肯定了贝蕾妮克的说法："人把自己上天的自由与新的思想自由联系在一起，很难说哪个更重要，它们是密不可分的，科技的进步与思想的解放总是肩并着肩。但我们还没有结束启蒙运动这一章，因为它太重要了。观看气球飞行只是暂时中断了我们的谈话，而不是结束它。来吧，要不了几步我们就能走到一家花园小馆，那里的木头长凳虽然不大舒服，但树很大，我们可以坐在树荫下。那儿的服务也很周到。"

理性与清晰的思想

木头桌子和长凳散布在已被踩平的草地上,栗子树像一把把撑开的大伞,给客人提供了阴凉。贝蕾妮克的头发闪着金属一般的光泽,还些许笼着一丝铜绿色。

只有一张桌子还空着,很小,将将够他们四个人坐下。客人一排排坐着,面前摆着一杯杯啤酒或是葡萄酒,还有面包和香肠。人人都很快活、很激动,他们的话题没别的,就是气球。这次飞行让所有的人都很兴奋,他们意识到自己是一个历史事件的见证人。他们手舞足蹈地聊着,发挥想象力做着大胆的预言,俨然看到了在空中飞来飞去的驿车、乘着气球的军队乃至乘着气球去圣雅各 – 德孔波斯特拉①和罗马朝圣的人。

"他们不知道将来现实会超出他们的想象多远!"罗曼若有所思地挠着后脑勺。

他们也听到零星地表示拒绝乃至警告的声音。有一个人向他的同胞呼吁,上天之前应该先把地上的事搞好了,应该消灭饥饿和困苦、治愈各种疾病、约束狂傲的贵族,否则,上帝一定会惩罚这种不知天高地厚的行为。

塞内克斯把打开了表盖的表放在面前的桌面上,朗声说道:"你们看,人是多么受时间的约束啊。我们的驿车大概两点钟左右来,可不能误了车。"他给每人都点了一小份点心,有法国淡

---

① 圣雅各 – 德孔波斯特拉,西班牙加利西亚自治区的首府,是天主教圣地之一,1985 年被列为世界文化遗产。

苹果酒、白面包和奶酪，然后接着说："宽容、竞争、教育和研究，这些都是启蒙运动的产物。此外还有后来的普遍义务教育、国家学校和高等学校事业、剧院、乐队、博物馆、档案馆和图书馆，对公众负责，由国家资助。另外启蒙运动对新大陆（也就是年轻的北美洲）的民主化进程也起了很重要的作用。所有大西洋彼岸的重要政治领袖都是从启蒙运动中脱颖而出的。"

"如今那么多不同的信仰、派别、学说、世界观、拯救者和大师等能够并存，都仰仗于启蒙运动。"

"今天那些鄙视启蒙运动的团体能够存在，恰恰要感谢启蒙运动。虽然它首先要求理性和清晰的思想，但它也促进了一种此前尚不为人所知的宽容。在这种宽容之中，所有的宗教都能得到一席之地，到今天仍然如此。"

"对我而言启蒙运动的一个特征是'人道'。"斯特凡说。他的脸颊红红的，不知是因为喝了苹果酒，还是因为内心的强烈感受。"启蒙运动是古希腊以来最人道的事情，不是吗？"

塞内克斯呷了一口酒："我同意。启蒙运动以摆脱迷信为目标，它要求理性的人建立一个理性的世界，所以说它是个'醉心于理性的时代'是很中肯的。可惜的是，人们虽然真的从科学、技术的角度去理解世界，但也出现了新的疯狂念头。"

"这么说思想的解放没带来什么了？"

"怎么没有！我们今天能够自由地生活，得感谢启蒙主义者。比如在从来没有过启蒙运动的伊斯兰教国家里，野蛮的戒条仍然左右着人们的生活，会对男孩残忍地实行割礼、判'亵渎神明'的人死刑、用石头砸死通奸的女子等。在启蒙运动的作用下,我们从政治和思想的暴政中解放出来,在法国它导致了大革命的爆发和封建专制王朝的覆灭——这,人们在巴士底狱被攻占以前大概就预感到了。因为在这个具有世界历史意义的日子到来之前十一年,也就是伏尔泰去世前几个月,伏尔泰放弃了他的庄园,回到巴黎,受到了人们热烈的欢迎。不管他走到哪儿,人们都报以掌声,来自各个阶层的人(据说有成百上千)跟着他的马车。从来没有哪个君王受到过这样的欢迎,他被称为世界上最著名的凡人。如果他走进一座剧院,演员和观众会起立并大声向他喝彩欢呼。"

"但革命并不是他要达到的目的啊!"贝蕾妮克插嘴道。

"对。和他同一战壕的战友从不曾呼吁人们拿起武器,他们只是为赋予人们人权的自由社会奠定了基础。卢梭要是知道1793年巴黎的革命党是多么暴戾,他会吓坏的,但他的《社会契约论》第一次阐述了人民的主权,这却是一个事实。"

斯特凡把一块奶酪面包塞进嘴里,问:"启蒙主义者难道没有很多对头吗?"

"对头主要是天主教会,比如在法国、西班牙和意大利,教会把启蒙主义的书籍列在了禁书单上,先后有《百科全书》、伏尔泰的著作、卢梭的著作和其他无数人的著作;卢梭的《爱弥尔:论教育》也被巴黎大学、教会和巴黎议会封禁。启蒙主义者被指责没有信仰和脱离宗教。人们担心人类的知识和能力被过分夸大,变得狂妄自负、道德败坏。浪漫主义从某种意义上来说是对启蒙运动的反抗。浪漫主义者认为，世界上还有比启蒙主义哲学家在他们的白日梦和书房里拥有的多得多的东西，那就是想象、感觉和心灵深处的秘密。人不仅是思维着的动物，也是感觉着的动物。"

"事实也确实如此。启蒙运动使世界丧失了魔力！至少我是这么想的。您怎么看呢？"

"生命的历程当然会在摇篮和坟墓之间有所变化。启蒙运动有很多实际的结果，就说医学吧——这时有很多进步的医生提倡在妇女分娩时让受过训练的男助产士取代'无知'的产婆。婴儿不应该再被紧紧地裹着，而应该让他们'自然'地活动。不应该娇惯孩子，而应该让他们在户外的新鲜空气中跑来跑去。如果人们能够更关心自己的身体健康，而不是只去关注心灵得救与否，那他们就能活得比《圣经》里说的七十岁更长。等死亡来临之际，人也能正视它，而不是陷入古老的基督教徒对地狱之火的恐惧之中。"

"像入睡一样自然地死去？"

"启蒙主义者希望能这样。他们传达的讯息影响深远，超出哲学的界限，进入了自然科学、社会学、技术和教育事业、法学、管理等各个领域。启蒙运动的一个典型硕果就是亚当·斯密出版于1776年的《国富论》。这本书指出，富裕的源泉是工作。它还分析了价格、资本、劳动力的作用以及供求规律。斯密的书影响了后来所有的经济学家，在工业社会的膨胀过程中也发挥着作用。"

"有什么新鲜的吗？"

"比如认为劳动分工会让职业性的生产大幅度增长，在一个管理有方的国家里可以带来普遍的富裕。他希望国家不再左右经济。"

"一种自由的市场经济？"

"他阐释道：大国从来不会因为私人的挥霍而毁灭，而往往是因为公开的挥霍而毁灭。他谴责道，在大多数国家里，税收被用来服务那些不事生产的人。在这一点上他态度激烈，说如果国王和部长们是他们国家中最挥霍无度的人，这种情况是'最大的肆无忌惮和狂傲'。他说，国家管理机构和官员的工资不是由市场决定的，因此与其劳动成果的关系也不成比例。"

"多现代啊！"

"亚当·斯密的书还证明了魔力是怎样从公共生活中消失的，证明了理性和分析如何取代了神话；但这并不意味着所有的启蒙主义者都是无神论者，或人们都不再信教了。很多启蒙主义哲学家都是教徒。你们见到了卢梭，但还不知道他曾想过当牧师吧？他很早就从一个加尔文派教徒变成了天主教徒（虽然他并非一直是天主教徒），晚年时还对一种感情和精神成分大于理性成分的虔诚大唱颂歌。法国大革命以后，欧洲经历了宗教的复兴，但宗教再没达到过从前那种绝对的统治地位。为了弥补这个空当，自然与善感将在十九世纪被抬高到近乎神圣的地步。但填补了这个缺口的主要是爱国主义——可惜这又是非理性主义的一种，至少跟宗教的非理性一样严重。"

贝蕾妮克问："启蒙运动到底为什么能有那么大的成就呢？"

"启蒙运动如果只局限于区区几个人的头脑，它的意义肯定不会如此重大。它的思想涉及范围很广，首先吸引了受过教育的市民阶级，就像种子落入了肥沃的土壤，因为启蒙主义者说出了很多人能感受到却表达不出的东西。现在这些话被说给他们听了，他们还可以买书看。夸张一点说——谷登堡印刷《圣经》，是要让所有的人都能读到它并坚定自己的信仰，但实际上他加速了宗教的溃败，因为他为启蒙主义的自由思想势不可当的广泛传播提供了手段。"

"您是说时机成熟了？"

"财富的增长使印书业得到了好处，越来越多的人学习读书写字，启蒙运动就是这时候来临的。虽然能读会写的人在十八世纪末只占成年人口的百分之十五到百分之二十，但这个数字在持续增长。许多城市出现了协会之家、友谊圣殿、书厅、艺术之屋、舞厅、咖啡厅、台球厅之类的组织，人们在那里读书、做报告、进行讨论，连乡村里感兴趣的人也结成了读书协会。启蒙思想也被许多并不知名的普通人共同传播，比如曾有过一个十分周密的联络网，由赞同启蒙主义的人和大胆的市民组成，他们收留遭受迫害的人并传递消息。有时候启蒙主义者甚至得到重要人物的秘密帮助，这些人地位显赫，可以无视禁令。在这个意义上，法国的最高审查官马莱伯可以说是法国启蒙主义者的朋友中最有势力的一位。"

塞内克斯停顿了一下，喝了点酒，抬起头，用他那双无法形容的灰色眼睛把三个青年一个挨一个地看过去，高声道："总之，我们可不要低估了咖啡馆里进行的讨论，其中之一你们也经历了。那绝不只是普通的闲聊，人们热情洋溢地谈论的是各种新思想。根据巴黎警方统计的数字，1723年时巴黎还只有三百八十家咖啡馆，六十年后就有了一千八百家。此外还有很多书商、出版商，他们使作品得以传播；只要有丰厚的利润诱惑，他们就天不怕地不怕。文学第一次开拓了广阔的市场。公共舆论确立了它的影响。"

"嘿，越来越带劲了！"斯特凡喊道。

记者——一门新职业

其他桌的客人纷纷付钱，离开了花园小馆。塞内克斯看了看他的小表，说："我们还有点时间，驿车大概半小时以后到。"

"驿车？"

"它坐起来更舒服，车费也很贵，是高级的公共交通工具。乘客的数量会限制在七个以内，由一个携带武器的警卫护送。这时的车有钢制弹簧，重心很低，速度相当快。"

"我问的意思倒不是指交通工具，而是想知道，咱们不在巴黎待着了吗？"

"我们今天还要旅行一次，而且路程很远，但我们还是在启蒙运动时代。这时产生了一门重要的新职业。"

"是产业工人吗？"

"那还没到呢，罗曼。是记者——他们有时愤世嫉俗，甚至不讲良心，但他们也很敏锐，笔头很快，不断追逐一切新鲜事物。日报的数量增长迅速，图书馆也出现了。启蒙主义者的新作与大量周刊、月刊相伴出版。人们也在追求娱乐，追求一种每个人都能懂的新风格。批评成了写作的知识分子最喜爱的体裁。按照尼采的说法，人们经历了批评的诞生，而它是从理性精神中诞育出来的。"

"这听起来简直太好了，好得不像是真的！"斯特凡怀疑地嘟囔道。

"书越来越多，也越来越便宜，它们的写作和出版所耗费的时间缩短了。从这时候起，文艺小说也开始了它走向成功的历史。渴望阅读的读者想得到娱乐和教育，想受感动，想动情。游记、爱情小说、家庭小说，《鲁滨孙漂流记》《曼侬·莱斯戈》《汤姆·琼斯》《新爱洛伊丝》《伤感的旅行》……人们乐此不疲地写作、抄袭、剽窃，格言是：'如果有几只黄蜂毁了几只蜜蜂的巢，那又有什么关系呢？'《鲁滨孙漂流记》就有好几种变体：《快乐的鲁滨孙》《西里西亚的鲁滨孙》《有德之人鲁滨孙》。除此之外还有歌德的《少年维特之烦恼》，其中表现的感性和语言均达到了艺术的至高境界。这些，人们都想见识，文学变得更加丰富多样。那些道德家对此颇多微词，说'小说像毒品一样让人上瘾'。"

"肯定也有人恰恰是为了不思想而去读书。"斯特凡沉思着说，用一块布擦着他的眼镜。塞内克斯继续不紧不慢地说："作家需要的是感受和思考着的读者；读者想要感觉、醒悟、受鼓舞以及修正自己的判断。小说能让人深入以前一直不为人所知的私人领域。现在的读者面临着一个丰富的情感世界，他可能会在其中认出他自己，感到惊奇和兴奋。"

"这些都是新鲜的吗？我还以为对内心冲突的刻画是文学中最重要的呢。"

"各种艺术都有所收获。可以说，正是通过启蒙运动，艺术才取得了独立地位，它发现了宗教之外的真理，包括美学的真理。启蒙运动甚至坐上了神圣的交椅（当然说这个得谨慎），1773年教皇克雷芒十四世解散了耶稣会。启蒙运动也吸引了贵族玛丽亚·特蕾西亚，尤其是她的儿子约瑟夫二世进行了深入的社会改革，普鲁士的弗里德里希大帝钻研伏尔泰，任命法国物理学家和数学家莫佩尔蒂为一个新科学院的院长，后来又想让达朗贝尔继任，后者拒绝了，但愿意以自然科学问题顾问的身份前往柏林。安斯巴赫侯爵查尔斯·威廉·弗里德里希的书桌上放着一座伏尔泰的胸像，萨尔茨堡大主教则更喜欢卢梭的胸像，还委任伊曼努尔·康德的一个学生为神学院的院长。"

"这么说每个人都被影响了？"

"知识分子、官员、贵族——这场运动吸引了所有人。在庄园里，人们进行了农业现代化的实验；从哥本哈根到米兰，处处都有读书会建立起来，共同探讨历史、哲学和未来；很多国家的一些措施都是在启蒙运动的推动下实行的，且往往由那些开明的部长带动。"

妇女的作用

"萨尔茨堡大主教……但您刚说过,启蒙主义者遭到教会的猛烈攻击。"贝蕾妮克插上一句。

"两者都对。总的来说,作为一个机构,教会是站在启蒙运动的对立面上。"

"而且他们的理由很充分!"

"但神职人员并不都是这样。我们已经讲过狄德罗了。《百科全书》的四十本样书在佩里戈尔出售时,单是神职人员就买去了二十四本。哲学家的著作可以在修道院的图书馆里找到——甚至是在西班牙的修道院里。但它对政府官员、律师、医生、地主、记者、作家和大学教授的影响最大。"

"塞内克斯,"贝蕾妮克把手搭在塞内克斯的小臂上,"我就是不能想象,这一切没有妇女的帮助怎么会是可能的。"

"一般来说,没有女子,男子什么也做不了!"

"男的说这话只是想让我们闭嘴!"贝蕾妮克摇摇头。

"在启蒙运动中,新思想确实是在女性的沙龙里最早被人们热情接受的。伏尔泰、卢梭和狄德罗已经提到这个了。可惜沙龙这样的交际场所在我们今天这个信息时代里见不到了,但那时候它就像一个个鸟巢,新思想在其中插上翅膀,翩翩飞起。

伏尔泰的情人沙特莱侯爵夫人、狄德罗的妻子安妮-安托瓦妮特都极为聪慧，而且有很高的修养。她们善于言谈，比那个时代大多数男子的文化水平都高得多；她们熟稔地地掌握谈话艺术，写起信来也十分巧妙。"

"启蒙主义者想要女子获得更大的自由吗？"

"他们看重的是从老得掉渣的旧观念中解放出来，而不是妇女的解放。十八世纪有杰出的女作家、女小说家，但还要再过一百多年，才会有数量可观的妇女在公众中有所影响。"

"但是女皇呢？女沙皇？"

"那是例外。在王朝统治时代就有许多女王和女性贵族曾大权在握，你刚才提到了两个，贝蕾妮克——玛丽亚·特蕾西亚和叶卡捷琳娜大帝，后者也被人称为'宝座上的女哲学家'。但除了这些超群出众的女子外，离教会容许妇女表现自我还早着呢。"

"但他们欢迎女圣徒或女神秘主义者！"

"起初是开明的君主弗里德里希二世，也就是弗里德里希大帝，同意一位女子——多罗西娅·克里斯蒂亚娜·埃克斯莱本在哈雷大学医学系取得博士学位并开业行医。1742年她写了《关于女性无法上大学的原因的彻底调查》。"

"那么她是一个例外！"

"是个别现象，绝对的。她走得比她的时代远得多，但即使是她，后来也得顺从成为家庭主妇、生儿育女的命运。她早逝的原因可能就在于此。"

贝蕾妮克耸了耸肩。她闭上眼睛，看上去好像没兴趣再听下去了，但这只是假象，因为她马上又接着问道："但启蒙主义者不是在教育方面有很大成就吗？"

"能上学的年轻人的数量比以前多了，授课水平也提高了。这也为伟大的瑞士教育家海因里希·裴斯泰洛齐的活动奠定了基础；他生于十八世纪中叶，也就是1746年。他在著作《林哈德和葛笃德》中阐释了自己的思想。裴斯泰洛齐建立了一所私立学校，还为公立学校设计了教育纲领，由此引发了此前从未出现过的教育热潮。"

塞内克斯把杯子里的饮料喝光，看了一眼表，叫道："我们得赶紧了。"他迅速站起身来。"走吧！我们要离开巴黎了。不过我们还会再来，因为现在巴黎就如同欧洲的首都——几乎所有改变欧洲的推动力都来自巴黎。伦敦、马德里、圣彼得堡都很偏远，意大利由很多个城市国家组成，德国还根本不存在（它那时四分五裂，有三百多个领地，包括世俗的和教会的，还有五十多个帝国城市）。"

机器的时代随着蒸汽开始

第一辆蒸汽推动的车

塞内克斯情绪很好,他挽着罗曼和贝蕾妮克的胳膊,斯特凡游离在外,一会儿在左边,一会儿在右边,一会儿又在后边。贝蕾妮克再一次感觉到,塞内克斯触到她的小臂时,触感像羽毛一样轻,简直不像真实的人。

但很快她的注意力就被引开了——塞内克斯说了起来:"现在所有人都能坐驿车了;它也管送信和其他东西。驿车在十七世纪中期开始投入使用,我所知道的第一条驿车线于1784年出现在英国,连接起伦敦和当时时髦的温泉胜地巴斯。在路途中,驿车的马匹每隔一段时间就要在中继站替换,这样就总是有缓过劲儿来的马匹供人使用,这一点很重要。此外,路上也逐渐地安全多了,旅客受到应有的保护,不再常遭匪帮抢劫,不过这种事情总还是存在的。人们也意识到,一些基本设施是很必要的,于是路上出现了众多驿站旅舍。"

"现在您倒是说说,我们去哪儿啊?"

"去很远的地方,非常远,贝蕾妮克。这一回我们不必赶时间,因为在路上有好多可以说的。路途漫长,因此我们没有利用另一种为道路发明的东西,当时造了一个样品。"

"为道路?不是为铁轨吗?您指的是火车头吗?"

"还不是,但它是往那个方向上迈出的第一步——虽说是还很笨拙的一步。我指的是法国军官尼古拉斯·约瑟夫·屈尼奥 1769 年造的第一辆车,那是一个真正的大怪物,看上去像只巨型昆虫:它有三个大轮子,控制方向用的前轮前面安着一个铜制的蒸汽锅。这辆车看起来很怪异,而且对今天的我们来说,也实在是没法用,因为它的速度就像是蜗牛爬,只有每小时四公里。这车很难操控,造它的目的本来是为了运大炮——所以也不适合你们三个这样的轻量级。后来的第二辆样车居然达到了每小时十公里的速度,但它马上就以如此的'高速'撞上了一堵墙,坏掉了。"

"但它是用蒸汽的?"

"对!"

"我以为是詹姆斯·瓦特造出了第一台蒸汽机。"

"确切地说,是他的一个朋友 1759 年向他建议用蒸汽为道路用车提供动力,但屈尼奥的'汽车'就是比他的早;而且就连屈尼奥也不是第一个。1654 年法国人德尼·帕潘做了最早的空气压力试验,发现了蒸汽气压机原理,但当时没有得到实际应用。

1672年，有一个名叫南怀仁的佛兰德传教士曾在北京城里开着一辆蒸汽车，车上用开放的煤火烧热一个水锅里的水。屈尼奥的实验之后，又过了二十二年，在1781年，瓦特才造出了靠传动装置和飞轮工作的蒸汽机，在旋转运动中存储转动惯量[①]。他后来又做了一些改进，1784年，蒸汽机实际上已经成熟了。接下来的发展便如疾风骤雨一般。好了，我们的'老式'驿车马上就要拐过来了！"

手工劳动的结束

他们在花园小馆的篱笆外面等着。没过一会儿，号角就悠扬地吹起来。随后，那辆高高的四驾马车拐过了街角，在扬起的一团尘烟中出现了。前面的驾驶台上，两个戴高帽子的车夫坐在上面。他俩后面还坐着两位先生，是出资较少的乘客。车厢顶上堆着旅行箱、旅行篮，用皮带绑缚着，上面盖着张挡风遮雨的帆布篷。车厢后面一个窄窄的位子上还猫着一个仆人。

车夫一抖缰绳，大喝一声，马便停了下来。那仆人从后座上跳下来，打开车门，将一块窄窄的踏板打开，放下来。

塞内克斯和三个青年上了车。车上已经有两个乘客了，正兀自打着盹儿。车停了不多一会儿，因为没有什么货物、邮件或行

---

① 物理学名词，又称质量惯性矩或惯矩，指的是回转物体绕轴转动时惯性的量度。

李要装车。驿车的号角又吹起来,像要催人去打猎似的。只听一声"嘘"、一声鞭子的脆响,车轮便开始颠簸着滚过路上的车辙、越过石头,辘辘地轧过路上的坑坑洼洼。

巴黎郊区没什么可看的,塞内克斯道:"我们谈谈话,路就不会显得太漫长——我已经说到了蒸汽机,从那时候起,所有的技术领域都开始了突飞猛进的发展;我打算只提一提最重要的。比如在英国有一个发明:虽然早在1678年就有一名法国海军军官设计出了一种机械织布机,但不成功;真正可用的是英国教士埃德蒙·卡特赖特1785年发明的一种织布机,而且几年后还实现了自动化。"

"卡特赖特?"

"织布机可不简单!这项发明具有革命性的意义,工业革命由此开始,手工劳动的时代接近尾声了。我们已经讲过亚当·斯密,他对工业革命影响的研究是最具预见性的。在前资本主义经济时期,产品销路少,生产手段具有与此相对应的典型特点:每个手工师傅都是自己把每件活儿从原料一直做到成品。"

"那么每一件东西都是他的作品,他可以为它的外观和质量感到自豪。我想现在没有哪个产业工人能有这样的感受了。"

"是的,只是手工生产的效率不够高。鞋匠只是根据皮子的种类来区分的,有加工普通皮子的,有加工科尔多瓦皮[①]的,有加工摩洛哥羊皮的,而每个鞋匠都把自己做成的鞋直接卖给他的

---

① 科尔多瓦皮,一种用植物鞣剂鞣制的细致羊皮,过去往往用来制鞋、装订书籍。

顾客。现在人们按照制造阶段来进行分工：在制鞋厂里，有的人负责鞋模子、后跟，有的负责裁剪，还有的负责缝制。这也改变了手工业者和商品出售者之间的关系，分出了工厂主和工人。技术肯定使人们变得更自由了。"

"同时又以另一种方式使人成了奴隶。"

"这是我们这个时代才有的认识，没有什么进步不是伴随着弊端。那时候的人也看到了机械化的问题，因此熟练的亚麻织工和羊毛织工有很长时间都在反对机械织机的发展——他们害怕失去工作，这是很有理由的。"

"这种斗争直到今天还存在呢！"

"可能会一直这样下去，并且是在各个领域。那时候，医学的进步提高了人的寿命，迅速增长的人口又对机械化的发展起了很大作用，简直可以说是逼着它发展，于是在十八世纪最后三分之一的时间里，纺织工业成了英国经济的支柱。"

新时代里最大的教育运动

他们坐着车穿过平坦的绿色田野。一个疑问在贝蕾妮克的脑子里转，塞内克斯看出来了，问："你心里想什么呢？"

"我还在想学校的问题，与妇女有关的，或者再说具体点，与女孩子有关。您不是讲了嘛，从启蒙运动中受益的首先是学校和教育，那么在哪些方面确实有所改进呢？"

"在启蒙运动之前,教育的特点一直是强迫和权威。拉丁语学校起初只对男孩开放,女孩不能进。谁要是想从事学术方面的职业,就必须掌握拉丁语。但现在人们认识到了:不应该只学习一门死的语言,还需要科学的知识。这意味着逻辑与思想自由的结合。此外,人们还转向了古典时期及其人道主义思想。"

"这可是太怪了!想介绍科学知识,却转向古典主义!"

"这是个进步,因为人们背离了宗教的正统主义,去寻找一种新的伦理。"

"不教宗教,改教伦理——有点像我们现在这样?"

"还没有那么远。但是对尘世生活的肯定以及由此而来的思想,希望对年轻人……"

"是男性年轻人!"

"……进行必要的着眼于现实的教育,等等——这些进一步排斥了教会学说,提高了数学、物理学、自然科学、历史和地理等更具实用性的学科的地位。它们走出了年代久远的阴影。这也要求使用一种新的语言,不再拘泥于僵化、老气横秋的经院拉丁语,而用生动的日常用语:法语或德语。"

旅程颇有些催眠作用,斯特凡的眼睛合上了,不久罗曼和贝蕾妮克也睁不开眼了。于是,半梦半醒之间,他们没看见什么,没注意到车子更换了马匹,也习惯了糟糕的路况。他们没有遇到任何危险——没出事故,车没翻,车轮也没陷到污泥里去。风景无关紧要,就这样,他们也没看见路上一些本会吓坏他们的景象:大多数地方的交通要道都要经过用刑和处决犯人的刑场,比如某条路的两旁都是一人高的柱子，上面挑着水平放置的车轮（那是用来车裂违法者的），还有绞刑架，尸体还吊在上面，脑袋耷拉在一边。

"这是为了达到震慑众人的效果。"塞内克斯本来打算这样解释的，但这下用不着了。

普鲁士和奥地利的启蒙运动

一个开明的君主？

他们就这样穿越法国，跨过了莱茵河。这时，塞内克斯才又一次开口："我们的目的地是普鲁士。但你们看不到什么特别之处，普鲁士在十八世纪时是一个不和谐的混乱国家，很多地方都无人居住。对我们来说普鲁士是值得注意的，因为它对德国的启蒙运动很重要。"

三个青年都坐了起来。"是因为弗里德里希大帝，对吗？"

"他的父亲弗里德里希·威廉一世，人称'军曹国王'，是一个不喜欢奢华的君主，其简朴在当时的公侯中很少见。他是个冷静的统治者，脑子里丝毫没有启蒙思想，正相反，他把当时德国最重要的哲学家克里斯蒂安·沃尔夫驱逐出了国境，他的儿子又急忙把沃尔夫召了回来——这件事显示出父子两人有多么不同。

"但专横的统治并没有因此而结束,弗里德里希大帝也实行专制统治,人民仍在捐税的重压下呻吟——这主要是为军队。弗里德里希大帝采取严厉的征兵措施,使士兵的数量增加到了二十万;每年他得为军队付出一千三百万塔勒①的军费——这些钱当然由普鲁士的老百姓出,而那充其量是三百万个生灵。除此之外他们还要承担别的赋税。"

"可您说过,弗里德里希大帝对启蒙是很开明的。"

"在思想上是开明的,在行动上可没那么开明。'老弗里茨'——这是人们对他的另一个称呼——的统治从1740年延续到1786年。他的人格具有分裂性:一方面他有极强的自信心,非常专断;另一方面他又让伊曼纽尔·巴赫做自己的宫廷羽管键琴师,有一次还把他的父亲约翰·塞巴斯蒂安·巴赫招来,专心致志地听他的演奏,《音乐的奉献》的主题也许就是他给巴赫的。他还是文学爱好者,当然了,喜欢的只是法国文学。他也对哲学感兴趣,与伏尔泰有通信联系,写过一篇《反马基雅弗利》,在其中试图描述仁君的使命,并宣称马基雅弗利在政治生活中播下了堕落败坏的种子,而他,弗里德里希,将会把人性重新赋予它。为此,他支持法国胡格诺派教徒入境,并于1704年6月写道:'所有宗教都应该得到宽容……因为在这里,每个人都应该按他自己的理解获得幸福。'"

"这说明他极为宽容啊!"

---

① 塔勒,十八世纪还通用的德国银币。

"弗里德里希大帝本人可能是个坚定的无神论者；他很清楚启蒙运动的意义，因为 1758 年他就认为，他所处的世纪在世界历史中具有划时代的意义。他写到，他和他的同时代人经历着世事变迁中最异乎寻常的事件。"

"而他自己并没有经历法国大革命！"

"他感觉到了巨大变革的临近。他促进了德国内外自由思想的发展，由此为自由主义的进步做出了决定性的贡献。他把柏林变成了德国启蒙运动的中心，把法国哲学家召进宫廷。他改进了法律制度，整顿了财政，增加了收入，而自己只要了其中的一小部分。为此，诸侯中出现了效仿他的人，这表明，强有力的人格不是没有影响的。"

"这真让人惊奇。您能举个例子吗？"

"可以，斯特凡！"

在奥地利有七百多座修道院被解散

塞内克斯张开十指，指尖相对，压了好几次。"受弗里德里希影响最大的可能要数他的对头奥地利女大公玛丽亚·特蕾西亚的儿子约瑟夫二世。身为军队统帅、政治家、哲学家和音乐家的弗里德里希大帝以他的人格力量迷住了约瑟夫二世。受他和启蒙运动的启发，约瑟夫二世废除了帝国内的依附农制度，改进了教育，进行了税制改革，促进贸易。他取消了许多限制，比如婚姻和就业方面的规定。他倡导一种新的司法制度，取消了贵族的很多特权。他还实行了教会改革（这对他的时代来说，可能太激进、太过分了），禁止朝圣、宗教游行、护身符以及向圣像或圣徒遗物祈祷。"

"多可惜啊。"斯特凡喃喃说道，话音里带着一丝嘲讽。

"约瑟夫二世不允许教堂里有那么多装饰，让人把祭坛、还愿板和圣像都请出去，还在1781年解散了很多修道院。他追求教会和国家的统一，力争建立一个独立于罗马教廷的奥地利教会；他希望让臣属相信，不必听梵蒂冈的，他们依然是天主教徒。此外他还颁布了一道宽容法令。假如他在任时间能超过十年，也许他就可以成功地重建国家，可惜他死得很早。"

"您说他很景仰普鲁士的弗里德里希，可弗里德里希不是在西里西亚发动了血腥的侵略战争吗？"

"人们可以为他出征西里西亚而诅咒他，但对他来说，当时普鲁士面临的形势十分危急。他要为一个易受伤害、四分五裂、边境过长的国家负责。他在遗嘱中说：'公民的第一项义务是为自己国家服务。我一生都在试图做到这一点。'"

"这听起来太正面了。"

"他是一个严厉的统治者，战争损失惨重，他剥削了萨克森。他将人分成追随者和反对者。歌德在年轻时很倾心于他，并称自己很有'弗里茨的思想'。弗里德里希大帝肯定有些特殊之处，从他对自己使命的态度上来看，他配得上'大帝'这个称号。他缔造了一个新的普鲁士，巩固了他父亲创造的'普鲁士美德'这个概念。他还让建筑师克诺贝尔斯多夫建造了一座迷人的洛可可式宫殿。"

"波茨坦的无忧宫。"

"比它的榜样凡尔赛宫更朴素、更和谐,也优美得多——弗里德里希在他的葡萄园之上创造了一件小小的艺术作品。"

在莱辛那里,一切都渗透着精神

有片刻工夫,塞内克斯闭上了眼睛,再睁开眼的时候,他说:"由此我们就要提到莱辛了。他与弗里德里希大帝生活在同一时代,出生于1729年,比'老弗里茨'小十七岁。我认为他是德国启蒙运动中最杰出的人物;在我眼里,他简直就是个特殊现象,因为他具有一些在德语区内极为罕见的东西——他的头脑既是富于批判性的,又是明朗的;也是他说出了一句毫无德意志气息的名言:'艺术的终极目的是享受。'"

"真让人惊讶——这真的是从一个德国人嘴里说出来的话吗?"

"而且还是个德国批评家!莱辛痛恨一切虚假的声音,所以他宁可根本不表达感情。不管做什么,他都带着理性、批判精神与认识、一个科学家的热情与勤奋去做。对他来说,科学不是死记硬背的东西,不仅仅涉及记忆,还是个逻辑的问题。"

"如果是这样的话,那我猜他是笛卡尔的信徒。"

"莱辛当然是怀疑论者,是一位不断成长的批评家。他下判断的时候很严厉,但绝不教条。他远离一切党派政治,因为他认为,谁要想做出理性的判断,就不能喜欢党派这种东西。"

"他指的肯定不只是政党。"

"他指的很可能是一切拉帮结派的现象,包括信仰某种'理论'的团体。在剧本《智者纳旦》中,他也没有对任何一种宗教表示认同,而是宣扬无限的宽容。"

"而且是在犹太人被迫害了数百年以后。"

"他把情节安排在十字军东征的时代,这并不是偶然的。《智者纳旦》呼吁人与人之间、宗教与宗教之间的爱,真切地预告了启蒙运动。"

一位精力旺盛的妇女,一个赶走丑角的人

旅途漫漫,贝蕾妮克把左胳膊肘支在罗曼的肩头,嘟囔道:"莱辛,又是个男的。"

"我可以弥补你的遗憾。"塞内克斯向她喊道,"莱辛还很年轻的时候就和一位十分了不起的女士走到一起了。"

"是谁呢?他的妻子还是情人?"

"都不是!应该说是他的剧团经理,名叫卡罗琳·诺伊贝尔。她是个精力旺盛的女演员,但又是实际上的剧院经理——因为当时不允许女子正式领导剧团,所以剧团名义上由她丈夫挑头儿,但说了算的还是卡罗琳。找新剧本的是她,写序幕和表示效忠的

诗歌、钻研剧本、决定巡回演出的是她，在舞台上她也是举足轻重的人。莱比锡举行博览会期间，她和她的剧团在板子拼成的临时舞台上演出，四周就是观众坐的板凳，因为那时还没有固定的剧院。直到卡罗琳死后六年，也就是1766年，莱比锡才建起了第一座砖石结构的剧院。卡罗琳自己还写了一个剧本，其中的丑角被别人一顿饱打，赶下台去。卡罗琳得保证剧团演的戏能招来很多观众，保持上座率，但她还是有勇气把最得观众宠爱的角色赶出舞台。"

"我要向她致敬！"罗曼说。

"她能这样做，只是因为她的观众主要由市民阶层构成，他们至少都是能读会写的。占人口大多数的文盲是看不起戏的，这和莎士比亚时代的英国完全不同。而起决定作用的这一小部分人，也就是来自市民阶层的观众，易于接受理想。"

"好吧，但卡罗琳·诺伊贝尔从哪儿找来理想取代丑角呢？"

"她发动了约翰·克里斯托夫·戈特舍德和她一起工作。戈特舍德是位学者、作家，他以法国经典戏剧为榜样，创作高乃依和拉辛风格的悲剧。戈特舍德为卡罗琳写剧本，但德国戏剧的创造者是莱辛。1748年的他是莱比锡的一个大学生，他为卡罗琳翻译了法国马里沃[①]和伏尔泰的剧本，此外还把自己的剧本《年轻的学者》也交给了她。她很喜欢这个剧本，将其上演，并取得了成功。后来，对她充满感激的莱辛曾为负债的她做担保，结

[①] 皮埃尔·德·马里沃（Pierre de Marivaux，1688—1763），法国小说家、剧作家。

果不得不连夜逃出莱比锡。莱辛的成功是由《汉堡剧评》奠定的——这是他为汉堡的戏剧活动撰写的评论，极为精彩，他在其中为导演、演员和戏剧作家阐述了戏剧中一些原则性的东西，这使他成了德国戏剧批评之父。但我们也不要忘了他创作的剧本。"

"除了莱辛，就没有别的德国戏剧家了吗？"

"还没有，罗曼。当时首先得让观众接受好的剧本。1755年在奥得河畔法兰克福首演的莱辛戏剧《萨拉·萨姆逊小姐》被称为第一部德国市民悲剧。前去观演的人像着了魔似的听了三个半钟头，随着剧情的发展而动情、流泪。要知道，这些市民观众是第一次观看舞台上演绎的与他们有相同境遇的人的命运，就像在镜子里面看他们自己。当他们在《爱米莉雅·迦洛蒂》中看到莱辛刻画的那个厚颜无耻的公爵，看到那个更卑鄙的侍从官，看到他们的对立面——一个市民出身、纯洁无瑕的姑娘时，他们的心震撼了。这出剧在莱辛那个时代是个革命的创举，它在今天的人看来可能显得无足轻重，但当时德国戏剧所处的环境条件绝对称不上'优越'——这不仅是指戏剧的内容方面，也指外部条件。仍以莱辛的剧作为例：他的《明娜·冯·巴恩赫姆》刚在汉堡上演的时候，剧场里几乎是空的，为了招揽观众，只好在幕与幕之间插演杂技。"

"德国戏剧就是在这样的条件下发展的吗？这下我可知道莱辛、席勒、歌德、克莱斯特①取得的成就有多大了。"

---

① 海因里希·冯·克莱斯特（Bernd Heinrich Wilhelm von Kleist，1777—1811），德国诗人、戏剧家、小说家。

"莱辛对于人的价值也有自己的观点。他对那种自以为掌握了真理的态度嗤之以鼻,认为对真理孜孜不倦的追求就是一切。他把神圣的理性看成永远处在形成中的东西,因此真理也永远在形成中——这是一条更伟大而明晰的道路。那时没有一个人能像他那样照亮德国。"

他们沉浸在谈话中,丝毫没有注意到和他们同车的那两个旅客已经下车。现在车上只剩下他们几个了。

启蒙运动的集大成者

这个时代的一个大城市

阳光的颜色逐渐温暖柔和起来，影子也拉长了。他们到底走多远了？车轮有规律的辘辘声、马蹄的"嘚嘚"声、马匹的喘息声，这一切都令他们昏昏欲睡。

他们是醒着还是在梦中呢？

当车子又走在铺石的路面上，声音突然有了变化，马蹄声也更加清脆了，他们在位子上直起身来。贝蕾妮克飞快地向窗外望了一眼。他们正行进在一条狭窄的街道上，窄得简直可以摸到从车旁掠过去的房屋外墙。

车在一个小广场停下了。塞内克斯揉揉眼睛，解释道，最后一段路他们得步行，这条街只适合行人走，车过不去。

"去哪儿啊？"贝蕾妮克问着，从车上一跃而下，没有使用车子那几级台阶。

"去一位哲学家那儿——也许是最重要的哲学家。"塞内克斯走下车后回答,"我们现在是在柯尼斯堡。"这时,钟楼的钟正敲着三点。

"东普鲁士——从巴黎到这儿有多远啊!"罗曼喃喃说道。

"对这个时代来说,柯尼斯堡是一个大城市。"塞内克斯继续说。

"哪个时代?"

"十八世纪中叶。柯尼斯堡有四万居民,比柏林多一倍。正像你们所看到的,这个城市还是一副中世纪的样子,三次大火灾也没使它改变多少。防火措施很不完善,大多数街道都很狭窄,火苗很容易蔓延开来。这些街道也没有都铺上石头,前几年这里总算引进了街道照明系统,但只有一千两百盏小油灯,它们发出的光弱得可怜,而且也只是在冬半年才点亮。城墙环绕之内并非处处都盖了房子,有些街道和城墙之间还有农业用地,那儿有工商业设施,有水磨、鞣革作坊、木材场,在港口有造船厂、仓库、海关,又窄又高的仓库是每个汉萨同盟城市中都可以见到的。街道清洁系统很糟糕,居民从井里打水,和古罗马时代类似,甚至还不如古罗马时代方便。我给你们讲这些,只是为了让你们对那时的生活有感性的认识。"

"这么说我们要讲伊曼努尔·康德了,我们肯定得费不少劲才能理解他!他真的从来没有离开过柯尼斯堡吗?"

"康德可能是他那个时代最不爱旅行的人了,他极少离开柯尼斯堡,从来没见过山,很可能也从来没见过海,哪怕海近在咫尺，所有想聘用他的大学都被拒绝了。他生在柯尼斯堡，死在柯尼斯堡，但他的心中装着一个宇宙——一个思想的宇宙。"

他们走近一座老房子。"这房子背临花园、墓地，还有那座有着四百年历史的宫殿，包括塔楼、监狱和无数猫头鹰。春夏时节，这儿可以显出十分的浪漫气息。进去吧。"

塞内克斯打开那扇朴素的门，房子里的寂静顿时引起了三个青年的注意。突然一只狗吠了起来，还有一只猫在"喵喵"叫。"它们是女厨子的宠物！"塞内克斯悄声道，"如果没有聊天的对象，她就和动物说话。"

"要是没有它们，我会以为这房子没人住。"贝蕾妮克说。

"这可就大错而特错了——比如这下面就有一个讲堂，时不时地会有很多人来听讲；楼上是餐室。其他房间都很小，厨子的房间和客房也很小。楼上有康德的书房、卧室和给老仆人朗佩的房间，朗佩在文学上还小有名气呢。康德没有马车夫，没有车和马。由于当时还没有公共交通工具，只要没人让他搭车，他就总是步行。他也很少到房子后面的花园里去。康德终生没有结婚。"

他们走上吱嘎作响的楼梯，穿过一个大房间的前厅。塞内克斯打开下一扇门，这门通向一个更简朴的房间，里面摆着两张桌子、一张沙发、几把椅子和一个五斗橱，中间空着。较大的那张桌子上已经摆好了咖啡用具，只缺咖啡壶。

他——哲学家伊曼努尔·康德——就坐在两扇窗户之间的书桌旁。他是坐着吗？不，他是蹲在一把三只脚的半圆圈椅上。

他们在墙边的椅子上坐下来。康德的羽毛笔在一张大纸上沙沙作响，这声音和眼前的景象让贝蕾妮克觉得很有趣，同时也让她感动。她转向罗曼，冲他耳语道："我们现在有了电脑和最棒的书写程序，但那又怎么样呢？这个举世闻名的人用羽毛笔在粗糙的纸上写字。"

什么是人的认识？

罗曼被伊曼努尔·康德那瘦削的身形感动了——这伟大的哲学家好像有一点畸形。他似乎在等待着什么，时不时抬头向门的方向望去。"他肯定在等咖啡。"罗曼喃喃说道。塞内克斯向他们低声道："你们看到的是启蒙运动的集大成者，从某种程度上也可以说是超越了它的人。"

"为什么可以这么说？"

"因为他将自己的主要作品称为《纯粹理性批判》，而启蒙运动宣扬理性为最高目标——人怎么能批判他的最高目标呢？康德的《纯粹理性批判》追问关于人类认识的真理。简单地说，他将人类能够认识的和不能够认识的加以区分；他要知道，人类的认识是什么，不是什么。他认为，理性无须自然的批判。"

"这是什么意思？"斯特凡问。

"意思是说理性能够给予我们知识，而不需要经验加以证实，就像我们知道六乘以六等于三十六，或者某种效果必定有一个起因那样。这些都是'纯粹理性'的例子。但康德继续追问理性迄今为止做到了什么，于是得出了一个毁灭性的结果——他认为，与物理和数学完全不同，哲学在其超过三千年的发展过程中，从来没有真正进步过。"

"他认为哲学没有给人带来过任何实际的好处吗？"

"至少不能和自然科学方面的认识相比。"

"每个问题不能只有一个正确的答案吗？"贝蕾妮克问。

"康德认为，理性在回答世界的真正本质这个问题上肯定要失败，人们的答案之所以各有不同，原因并非在于哲学家的愚蠢或任性，而在于人类的思维本身。比如，你可以认为，世界在时间上是有一个开端的，而在空间上——他的原话是'按照空间'——则是局限在一定的边界之内的。但你同样也可以说，世界既没有开端也没有边界，在时间和空间两方面都是无限的。两个让人完全可以理解的陈述便以这种方式导出了无法统一起来的结果。一面说世界是有限的，一面又说世界是无限的，这让人如何是好呢？"

绝对命令把义务称为神的戒条

罗曼还在回味刚才那句话，身子靠在椅背上，手揣在裤兜里："现在我们又从世界和宇宙回到了对上帝的追问上——康德是无神论者吗？"

"康德不否定上帝，但他宣称，上帝是不可证明的；对康德来说，上帝是一个纯粹的假设，它不可言说，你只能相信它而为此放弃知识。海因里希·海涅的结论是：康德以此消灭了德国的自然神论。"

"自然神论是什么意思？"斯特凡问。

"就是相信上帝在创造了世界万物以后便退出了世界。海涅说，在这之后，就再也没有无所不在的怜悯，没有天父的仁慈，也没有彼岸的酬报和灵魂的不朽。根据康德的观点，人只有放弃知识，才能给信仰留下位置。这样的信仰和教条当然没有关系，而与实践理性有关——这是典型的康德观点；如果人是一种理性的动物，那么他就可以像确实有上帝、自由和不朽一样行动。康德认为其他一切都不可忍受，信仰是道德的前提。"

"那么他认为信仰是绝对必要的了？"

"是的，康德称信仰是一个不可或缺的理性概念，他说，如果道德和社会秩序不应该只建立在畏惧法律的基础上，我们就必须支持宗教信仰——哪怕它只是一个起调节作用的原则。"

"可这和真理没有任何关系！这纯粹是功利的想法。"斯特凡喃喃说道。他的声音很轻，轻得塞内克斯根本没有听见，或许是不想听见。塞内克斯接着说下去："所以我们必须这样行动——就好像我们知道有一个上帝，知道灵魂是不朽的、我们的意志是自由的。"

"我和康德的想法可不一样！"斯特凡到底还是下决心宣布他的想法了。

"我想你有这个自由——这我们已经学到了！"

"谢谢!——看来康德不过是把上帝看成一种实用的虚构。"

"这个虚构是我们人想出来的,为的是让道德规则可信。康德说,上帝并不是存在于我们之外的一种实体。"

"那是什么呢?"

"上帝是我们心中的一种道德关系,因此,就宗教代表的具有约束力的真理而言,它是可以被取代的。在康德那里,取代了宗教的是哲学,因为对他来说——这是一句很重要的话——哲学思考意味着不受他人的引导而运用自己的心智。"

"这个我喜欢。"斯特凡重复着自己刚听到的话,"……不受他人的引导而运用自己的心智。"

"康德写到,只有当人能够独立地走通往真理的路,他才算是真正成熟的人,成为完全意义上的人。康德的绝对命令没有预设一种从上界下令的、在我们之外的'实体';它就是我们理性的命令。"

"绝对命令已经过时了,不是吗?"

"这个问题得你自己回答,而且人与人的想法不同,国与国也不同。绝对命令把义务称为上帝的戒条,但意思并不是说它是由一个上帝给我们的。"

"这么说没有西奈山上得到'十诫'启示的摩西了?"

"没有,而是理性像上帝一样对我们下达指令。康德把人看作能够理性行动的'animal rationale'(理性动物),因此这些要求对每个人都适用。"

"绝对命令是怎么说的,塞内克斯?'你的行动应该使你行动的座右铭可以是整个人类行动的座右铭'吗?"

"从意思上来说是对的。我知道两个版本,说的基本上就是这个意思,第一个且肯定更准确的版本是:'你的行动应该使你意志的座右铭随时都可以做普遍立法的原则。'这是康德在他的道德哲学主要著作《实践理性批判》中写的,这部著作出版于1788年。"

"这是法国大革命的前一年!——另一个版本呢?"

"另一个版本是:'你应该这样行动——你从来不把人性当作单纯的手段来使用,而总是使它同时也是目的——不管是你个人的人性还是任何一个人的人性。'"

"我觉得第一个说法更容易理解。"

"我们的意见一致,贝蕾妮克。康德深信他的要求同耶稣的要求没什么两样,即我们的义务是:期待周围的人怎样对待我们自己,我们就怎样去对待周围每一个人。"

自由与平等通往博爱

那坐在桌边的小个子把羽毛笔插进玻璃墨水瓶,从背心口袋里掏出怀表,打开表盖,摇摇头,又把它揣起来,然后接着写下去。

塞内克斯继续说道:"康德在等客人。在他们到来以前,我再谈谈他的作品。对康德来说,理智地行动意味着按照绝对的、无条件的、不拘于一切前提条件的习俗规则行事。这一习俗规则的最高戒条就是人性。既然我们每一个人都是理性动物，那么每个人都是自由的，所以每个人和别的人都是平等的。什么也不能为压迫和不平等做出理性的辩护。或者说，自由和平等通往博爱。"

"这可是预示了法国大革命啊！"

"根据康德的观点，理智的行动与逻辑没什么关系，而是与伦理相关。如果我们从这个角度出发，回顾一下人类过去的政治和经济行为，我们将会看到一大堆瓦砾碎片。"

"今天还不是一样！"

"可惜，这是事实。政治行为很少考虑要合乎伦理。好了，在这儿探讨康德的主要著作《纯粹理性批判》《实践理性批判》和《判断力批判》就会打乱我们的计划了，我们可只有几天的时间啊。"

康德写着写着停下了，用羽毛笔管搔搔后脖颈，凝神听了片刻，叹口气，又接着写下去。

塞内克斯道："好，再说两点吧。据我所知，康德是第一个思考了和平问题并把它提高到道德范畴的哲学家。他写了一篇小论文，这是第一部世界和平秩序的哲学纲领，也可能是在和平论争中起决定作用的一篇哲学文章。康德提出，国家应该有一部共和宪法，因为自由的公民肯定没兴趣发动侵略战争。他说，为了普遍的和平秩序，人们需要的不是世界国家，而是联邦，也就是一个世界共和国。"

"那时就有这种思想了？我还以为联合各国的思想是第一次世界大战的产物呢。"

"我们是这么认为的，斯特凡。但康德已经提出了这个思想，这是很不寻常的。因为从赫拉克利特以来，哲学家大多赞美战争，认为战争是万物之父，在康德以前还从没有人把和平归入哲学的基本概念之列，不像自由、公正、幸福等。"

"这么说康德怀抱着一个人类的梦想喽？"

"他想要自由、平等、博爱、和平的世界秩序。他的论文1796年在柯尼斯堡发表，令普鲁士国王弗里德里希·威廉二世的检查机构很是不满。弗里德里希大帝当时已经死了，但我怀疑，如果他活着，他可能也不会为康德的论文感到兴奋，因为除了共和宪法和囊括世界的国家联合体外，康德还提出了对普遍的世界公民权的要求，以及从原则上放弃暴力干涉、侵略战争的要求。"

"这肯定会被'老弗里茨'看作对他出征西里西亚的批评。"

"而且他有理由这么看，因为康德还提出，即使是小国家也是不容侵犯的，并要求在世界范围内取消常备军。"

"他简直是和平运动的领袖！"

"但可惜，一切都只是乌托邦罢了——虽然他的思想影响深远，他的要求也被今天高度工业化的国家接受了（至少是在原则上）。"

"永恒的和平肯定不是一个空泛的理念。"

"对，贝蕾妮克，它是一项持久的任务。再说一下启蒙运动——康德那篇划时代的文章《什么是启蒙？》更是与启蒙运动息息相关。我有一个 1784 年的旧版本，登在《柏林月刊》，是用当时通行的曲里拐弯的哥特体印的。"

塞内克斯递给斯特凡一本皱皱巴巴、灰黑色的杂志。斯特凡打量了一下，就递给罗曼，最后它又到了贝蕾妮克手里。

"对我来说，这简直是天书嘛！"罗曼说。

"我会念给你们听的，不过只念几句。康德把启蒙定义为反对迷信，并创造了一句以古罗马诗人贺拉斯的话为依据的口号'Sapere aude！'——'勇于去理解吧！'康德这篇文章受到了全欧洲的重视。"

"那就请您念念吧！"

停留在不成熟的状态是那么舒服

塞内克斯展平纸张："'启蒙运动意味着人走出了自己造成的不成熟状态。'"

"自己造成的……"斯特凡喃喃说道。

"不成熟就是没有别人的引导就无法运用自己的理解力。"塞内克斯的声音这时听起来像玻璃一样澄澈，"如果其原因并不是人缺乏理解力，而是缺少决心和在无人指引的情况下运用理解力的勇气，那么这种不成熟就是人自己造成的。Sapere aude！——大胆地运用你自己的理解力吧！这就是启蒙的箴言。"

"启蒙的箴言——这是您说的还是康德说的？"

"这是康德说的，是他自己在惊叹号后面用小字接着写的。"

"这么说那时候他就已经用上'启蒙'这个概念了？"

"当然了，斯特凡。"罗曼这时喊道，"他还把它用在书名里了呢，连弗里德里希大帝都知道这个词。"

"这个我都忘了！康德指的是各人自己的理解力，这就触及了我们这个时代的根本弊端，它也许普遍存在于人类之中。至少，所有的狂热分子和宗教激进主义者身上肯定存在这样的弊端，他们投身于权威之下，毫无自己的意志。"

"但是告诉我为什么！"

"康德给出了答案。"塞内克斯答道，"他那时候就已经做出了回答：'很大一部分人在自然早已让他们脱离他人的引导之后仍然乐意终生停留在不成熟的状态，懒惰和胆怯是原因……停留在不成熟的状态是那么舒服。'"

"他真是一语中的——停留在不成熟的状态实在是舒服死了！原来康德不仅是哲学家，还是心理学家。我倒很想握握这位老先生的手呢。"

"这个你就算了吧！"塞内克斯喊道，同时笑着抓住斯特凡。斯特凡嘟囔道："严禁触摸展品！"

"再听听康德是怎么说的吧——'要是有一本书能替我具备理解力，有一个人替我照管我的灵魂和良心，有一个医生替我决定该吃什么，等等，那我就用不着自己费劲了。只要我付得起钱，就不必思想……'最后的结论是，'现在如果有人问：我们是生活在一个已经启蒙了的时代吗？答案是不，但也许这是一个正在启蒙的时代。要想让人们做到在宗教方面运用自己的理解力而不受他人的牵制,那还差得很远。然而,有明显的迹象表明,他们面前现在已经展开了自由发展的广阔天地,阻碍他们走出自己造成的不成熟状态的藩篱也逐渐减少了。从这方面看,这个时代就是启蒙的时代,或者说是弗里德里希的世纪……'"

"康德说得有道理吗?我们真的已经从自己造成的不成熟状态中解放出来了吗?"

"是也不是,斯特凡。如果没有启蒙运动,我们现在还会生活在中世纪,但可惜的是,启蒙运动不只带来了思想的自由,也带来了以为人什么都可以做的臆想的自由。"

"没错,人们的轻信总是被肆无忌惮地滥用,尤其是权力的滥用。"

塞内克斯又一次将十指交叉起来,把它们掰得咔吧直响。"康德还希望,人类在知识上的进步、对自然的理解以及对自己的认识能使人类大步向前迈进;但今天我们已经认识到,他只是在一定程度上言之有理。"

话音刚落,塞内克斯便指着那位坐在写字桌边的瘦小先生说:"他站起来了!"

康德是个合群的人

康德驼着背向门口走去,他穿着件浅绿色的丝质外衣,纽扣扣得乱七八糟，从领口和袖口都露出里面的花边；白头发贴着头皮，目光专注而友好。与此同时有三个人走进来，都和他年龄相仿，衣着也差不多。

塞内克斯对三个年轻人耳语道："这些是他的朋友，可以说是知心朋友。康德是个合群的人，差不多每天都有客人来吃午饭，或者像今天这样来喝咖啡。人数从来不会少于三个，最多则不超过九个——'三'是美惠女神的数目，缪斯女神则是九个。但是，贝蕾妮克，来找他的从来没有女人，都是男的——搞贸易的、银行家、游学的教授、从大卫·休谟和艾萨克·牛顿家乡来的英国人、从让-雅克·卢梭的第二故乡来的法国人，还有在当地落了户的法国人——有许多胡格诺教徒在柯尼斯堡安了家。"

"康德仇视女人吗？"

"不是，他甚至想过要结婚；在剧院里他是银行家雅克比美丽妻子的常客，他也喜欢给两个女画家做模特，他还很欣赏他的女厨子……"

"他的女厨子——太妙了！"贝蕾妮克一甩手，语气中带着讥讽。

塞内克斯站了起来："我们今天还得继续旅行呢！"

"去哪儿？"

"去维也纳。我们会在傍晚的时候到那儿。哲学我们暂且放在脑后，现在我们要放松一下，去听歌剧。"

他们在台阶上碰上了仆人朗佩，他是个头发稀疏的小个子，端着一个放有咖啡壶和蛋糕的托盘。他们贴在墙上让他过去,然后贝蕾妮克便跑在了前面。她在房门前用梳子梳了头发,伸伸胳膊。柯尼斯堡的大钟正敲着四点。

马车的门敞开着,男孩女孩赤着脚丫,腿上沾着脏脏的泥巴,手里拿着柳枝,把鹅群赶到池塘里去。

他们还不曾交换只言片语,车子就已经颠簸着走出了城门。

"现在请您快告诉我们要看什么歌剧吧,塞内克斯。"贝蕾妮克的话音中充满期待,"既然您没让我们听蒙特威尔地的歌剧,我们的要求可是很高的啊!我一想这个时期里都发生过什么事,立刻就想到莫扎特了——对不对?"

"说中了!我们要去看莫扎特《费加罗的婚礼》的首演。但我想先就那个时代再最后说几句:康德的世纪——批判哲学的世纪,以自然科学的繁荣为突出特点。数学领域取得了长足的进步,天文学和物理学也是这样,所有人都受哥白尼、伽利略和牛顿的影响。牛顿死于1727年,那时康德才三岁。人们满怀激情地研究一切自然力,如路易吉·加尔瓦尼在观察青蛙腿颤动的基础上发现了生物电。化学也迈进了新天地:瑞典人格奥尔格·勃兰特发现了钴元素,瑞典天文学家安德斯·摄尔修斯建议用零度来表示冰点,在此基础上有了以他的名字命名的温度测量标准。1745年,荷兰物理学家彼得·米森布鲁克首次在用于储电的'莱顿瓶'里制造了电击;一个英国医生发现令所有海员闻之色变的坏血病用柑果可以治愈;等等。"

"真有趣。还有什么?"

"还比如分离空气中的氢气和氧气以及氯气，还有光合作用，但这些都是学校课本里的内容。我想说的是，所有这些新的发明、发现，只要让康德知道了，他都表现出极大的兴趣。他本来就不只是一个哲学家，比如，他很早就开始追问地球的起源；以牛顿的认识为基础，加上自己的认识。1755年，他还是个三十一岁的硕士时，就已经尝试着要做一番大事业了。他把自己的论文命名为《普遍自然史和天空理论或试述世界大厦及其机械起源——据牛顿原理》。"

"详细得不能再详细了。"

"这种关于地球及天体产生的理论以'康德－拉普拉斯[①]学说'的名字进入了科学史。此外康德还研究月球对恶劣天气的影响和地震现象，就1755年11月里斯本的那次大地震，他写了《对最奇特的地震的自然描述》。那场地震摧毁了里斯本，当时它是世界上最富裕的贸易城市之一，你们肯定还记得这次灾难也使伏尔泰极为震惊。康德对什么都不放过，什么都在他的研究对象之列，康德想象力的伟大和丰富与他思想的深刻和尖锐是并驾齐驱的。"

塞内克斯向后一靠，闭上了眼睛。

[①] 皮埃尔－西蒙·拉普拉斯（Pierre-Simon Laplace，1749—1827），法国天文学家、数学家和物理学家。在概率论、毛细现象理论、天体力学和势函数理论方面都有重要贡献。研究成果大部分收集在《概率论的解析理论》和《天体力学》两大著作中。1796年，独立于康德提出太阳系起源的星云假说，并从数学上做了论证。以他命名的拉普拉斯变换和拉普拉斯方程有广泛的应用。

维也纳与音乐的繁荣

音乐史上的一桩幸事

　　时光消逝,然而又不仅仅是在消逝,它也总是在重新诞生——斯特凡这样想着;他发现,这是一件很值得思考的事。有那么一阵子,只能听见辘辘的车轮声,也只能感到路上的坑坑洼洼。贝蕾妮克有一点想念现代高速列车那无噪音的飞驰了,甚至渴望起乘坐喷气式飞机的舒适来。

　　过了一会儿,塞内克斯对他们说道:"《费加罗的婚礼》是一部无与伦比的杰作,不过当时的维也纳人并没有立即意识到这一点,反而是布拉格人对它表现出极大的热忱。你们一定知道,莫扎特那三出以意大利为背景的歌剧——《费加罗的婚礼》《唐·璜》和《女人皆如此》——的产生都归功于莫扎特与意大利人洛伦佐·达·蓬特的合作——这是一桩少有的幸事。"

　　"洛伦佐·达·蓬特是什么人?"

"一个典型的时代之子——我指的是洛可可时代。他是一位作家，但他也具备探险家的特点，就像卡萨诺瓦，他也跟卡萨诺瓦一样具有两面性。但不管怎样，他为莫扎特写出了他最好的三个歌剧脚本；只要音乐仍然受到人们的喜爱，他的名字就会和莫扎特的名字一起被传诵下去。"

"您为什么单单要讲《费加罗的婚礼》呢？"

"因为'费加罗'这个题目正好吻合我们的谈话内容，贝蕾妮克。《费加罗的婚礼》（*Le nozze di Figaro*）的剧本和启蒙运动有很大关系，讲过之后，你们才能正确评价其中革命性的成分，要知道，我们这些生活在二十世纪的人已经很难理解这些东西了。歌剧来源于法国人博马舍题为'Le mariage de Figaro'的话剧剧本。在启蒙运动以前，做仆人的充当剧中主要人物的情况极为罕见，更不用说这个仆人还以他的幽默机智最终战胜了贵族主人。莫扎特在构思剧本方面与洛伦佐·达·蓬特密切合作，让超越等级差别的情爱占据很大分量，剥夺人尊严的'ius primae noctis'，即'初夜权'（主人有权第一个占有女性奴仆的身体）遭到谴责与嘲笑，单是这个就已经是对贵族的辱骂了。莫扎特提高并深化了剧本，他辉煌的音乐则以洋溢的热情极具挑战性地刻画和烘托了各个人物，其艺术性至今无人能超越。"

"那么莫扎特是启蒙主义者吗？"

"不是，他看不起伏尔泰——伏尔泰认为基督教充其量是让人安分守己的一种必要手段、一种'神话'，这种观点令莫扎特惊骇。他毕竟是一位作曲家，只生活在音乐中。伏尔泰死的时候,他正巧在巴黎,对那个老叛逆者之死掀起的波澜很不理解。他在给住在萨尔茨堡的父亲的信里说,像条狗一样死掉是那个不敬神的恶棍应得的。虽然莫扎特受他那些共济会兄弟的影响,也反对教权,但他还是参加了一次圣体节的游行。"

"一个人执着于信仰不一定意味着他拒绝接受其他启蒙运动的思想!"车轮的滚动声中,罗曼竭力让自己的话被人听清。

"莫扎特赞成更多的人权而反对贵族特权,这一点,他用《费加罗的婚礼》做出了证明;正是在人物关系方面,莫扎特和达·蓬特脱离了滑稽歌剧以来的老一套。他们塑造的伯爵夫人不仅是一个对丈夫失望的妻子,而且是个生机勃勃的年轻女子,侍从凯鲁彼诺的魅力在她内心引起了骚动,而后者又招来了伯爵的嫉妒。这部剧的新意尤其在于,女性角色起了主导作用,她们的计谋让伯爵的打算落了空,因此《费加罗的婚礼》也是第一部具有社会批判精神和启蒙主义思想的伟大歌剧。问题是:维也纳的贵族能不能接受它?他们会不会感到自己遭到了攻击?一个当过理发匠又毁了主人艳遇的仆役的狂傲会不会触犯他们呢?莫扎特来自萨尔茨堡,那儿的大主教、他从前的主公柯罗雷多伯爵有知识、有文化,敬佩卢梭和伏尔泰,这也许起了一定作用。不过他也是一个专政的暴君,莫扎特不愿意为他工作、受他控制。"

"莫扎特是什么时候离开萨尔茨堡的?"

"在他创作《费加罗的婚礼》之前五年,他辞去了在萨尔茨堡宫廷的职位。"

"这对他来说是件很冒险的事,不是吗?"

"他决心承担这种风险,做一个自由创作的作曲家。《费加罗的婚礼》是第一部由他自己做主创作的作品,而不是事先接受他人的委托并讲好价钱。在那之前四年,他写了《后宫诱逃》,这是第一部德语歌剧;现在他又在一部喜剧中出色地刻画了各种人物性格,达·蓬特不能在歌词中表达出来的,被他用音乐表现了出来。约翰内斯·勃拉姆斯在讲到《费加罗的婚礼》时说:'每一段演唱在我看来都是一个奇迹,我简直搞不懂一个人怎么能创作出如此完美的东西——再也没有人能创作出这样的作品了,即使是贝多芬也不行。'"

歌剧艺术的一座高峰

斯特凡虽然一直沉默不语,倒也听得津津有味。这会儿,他清了清喉咙:"一出被您称为革命性的歌剧怎么居然能在维也纳上演呢?那儿不是皇帝、贵族和官员说了算吗?"

"这我们又得感谢一个幸运的偶然:当时掌权的是那位受启蒙运动思想影响很深的约瑟夫二世。尽管如此,达·蓬特还是得依据皇帝的愿望缓和博马舍的剧本中对社会的尖锐批判,因为据称其中包含了革命观点,会触怒朝廷。就算约瑟夫二世有些革命思想,也未必会允许演出以这出喜剧为基础创作的歌剧。这个任务很'刺激'达·蓬特,最后他达到了目的,而又不必完全压抑作品中富有攻击性的讽刺成分。皇帝的使者命莫扎特带着总谱进宫。他去了，奏了其中几段，皇帝陛下立刻就喜欢上了它。"

像在柯尼斯堡一样，街道突然变了样子，从土路和碎石路变成了铺石路面。太阳已经贴近西方的地平线，一座座低矮的房屋立在阴影之中。

塞内克斯站起来，揉了揉眼睛，把那块小表取出来，打开表盖："维也纳到了！而且时间正合适——六点钟。我们虽然还在城外，但马上就要到达目的地了。今天是1786年5月1日，三年后巴黎将爆发革命。我们要去的是城堡剧院，更正确的说法是宫廷城堡剧院。女王玛丽亚·特蕾西亚将其作为'城堡附近的剧院'建造，她的儿子约瑟夫二世即位后宣布它为国家剧院，想把一系列民族国家统一在德意志的领导之下。——到了，我们下车吧！"

缰绳猛然一抖，几匹马都停住脚步，车停了，但还在微微摇晃着。许多车辆都向剧院驶来，寻找着空当，好让主人下车。有些车刚刚离开，又有新的车辆拐进这条街。坐轿子来的人更多，轿夫迈着细碎的步子。看戏的观众络绎不绝，忙着入场，洛可可式的衣着五颜六色，就像油画上看到的景象，一个个长长的身影使他们看上去似真似幻，像要倏然而逝。

看着那些木偶似的人物，塞内克斯兴致勃勃。"维也纳大概从来没有过像此时这样奢华的宫廷阶层，我们能看到《费加罗的婚礼》，也多亏了他们对音乐、戏剧和娱乐的需求。"

说完，他便和三个年轻人一起走进剧院前厅，最后的阳光还没有消失。塞内克斯让三个人通过观众席敞开的一扇门往里看。

序曲刚刚奏响，塞内克斯耳语道："观众想来就来，想走就走，这在当时是很普遍的。"

虽然已经点起了数百支蜡烛，天花板上还垂下长长的冠状吊灯，但金黄色的光线仍然不甚明亮。大厅里已经坐满了人，最下面是坐在板凳上的观众，往上是包厢，一层一层的。穿着正式的观众、白色的假发、大厅内的布置、天花板上的画、深红色的幕布——这一切更加深了隆重的气氛，再加上那音乐……

乐队的位置在舞台前部，和观众之间隔着一道矮栏。莫扎特坐在前面指挥，面前是一架羽管键琴。

观众在倾听，有些人膝上还摊着歌剧脚本，但也有七嘴八舌的闲谈声。

塞内克斯领着三个青年走进过道，一个侍应生替他们打开一间离舞台很近的包厢门。挨着护栏的三把椅子空着，塞内克斯自己则坐到第二排的一把椅子上。

情节一开始是在即将结为夫妻的费加罗和苏珊娜的新卧房里。位于舞台前部和观众席之间的蜡烛和油灯照亮了舞台布景，而布景之间也安置了蜡烛，它们有的放在梯子上，有的放在带轮子的架子上，按照需要或远或近地调整亮度。观众看到一个仆人和一个女侍是剧中的主要人物，先是显得很惊奇，但等后来费加罗含讥带讽地描述凯鲁彼诺未来的士兵角色，最后唱出他的咏叹调——"凯鲁彼诺，快奔赴胜利，快奔赴光荣的军队！"——他们像是被电流击中了一般。他们如梦初醒一般欢呼着："好啊！大师！好啊！莫扎特万岁！"同时热烈地鼓起掌来。

莫扎特向观众鞠躬致意，舞台上的那位歌手也走到台前。

塞内克斯悄声道："只有客座演出的艺术家才能在观众面前鞠躬，对剧院长期雇用的人员则是禁止鼓掌的；当然了，观众并不总是遵守规则，艺术家们都热切地渴望自己受人欢迎。"

贝蕾妮克像着了迷似的望着莫扎特，他离她只有几米远。这位天才的作曲家个头不高，相对于他小巧的身体来说，他的头显得很大，那张窄窄的脸上，尖鼻子显得十分突出。他的目光不停地在观众上方游离。贝蕾妮克发现他长得并不漂亮，但那一头金发能让人忘掉他的很多缺陷；另一方面，他的装束——蓝色燕尾服、金色的纽扣、花边衬衣、银色的丝裤——又突出了那些缺陷。

这时，莫扎特又迅速坐回到他的乐器前，好像迫不及待地要展示更多他准备好的宝贝。弦乐器组先调了一下音，随后，大师抬起双手，打出起音的手势，乐声再起，莫扎特时不时地站起身来指挥。

塞内克斯稍稍向前躬身，小声说："这很新颖——无论是人物性格的细致刻画，还是对众多演员表演的巧妙安排以及那些合唱场景，都让人感到惊奇。"

这之后他便不再说话，好让三个年轻人专心致志地观看演出、欣赏音乐。

我的布拉格人理解我

这是歌剧艺术第一次达到高峰，而时间又是多么奇特啊！贝蕾妮克、罗曼和斯特凡已经熟悉了每个音符：凯鲁彼诺恋爱中的迷惑、伯爵夫人的怨诉、读信一场的二重唱、苏珊娜的"玫瑰"咏叹调，还有不断认错人的终场演唱，直到最后伯爵请求夫人的原谅。

掌声如潮，但也有人喊喊喳喳表示不满，不过欢呼声和喝彩声还是占了上风。歌手们和莫扎特出来谢幕，幕布缓缓落下。

"开始时人们的兴奋还是有所保留的，"塞内克斯解释道，"但没过多久，《费加罗的婚礼》就掀起了演出季的热潮。特别是宫廷人士很欣赏剧中的俏皮之处，就像我们今天喜欢的那种卡巴莱轻歌剧，它用幽默的方式说出让人不舒服的真理，本该让人哭，但又使我们得到消遣。维也纳的贵族甚至很乐意自己在舞台上被揭露，主要是因为讽刺让人开怀，而他们坐在安全的包厢里。我们走吧——你们大概已经感觉到了，莫扎特的人物都很有深度，一些真实的东西只有通过他的音乐才能表现出来。莫扎特对所有人物都不遗余力，次要人物也不例外。以此，他将歌剧艺术引向了高潮，而这不过是歌剧在佛罗伦萨首次上演一百八十八年之后的事。"

他们走到了出口处。

外面天已经黑了，照明的只有仆人手里的火把。马车等在那里，轿子还搁在地上。观众从剧院里拥出来。出租马车的马由举着灯的仆人牵着。

"走这条侧街。"塞内克斯向前一指,并招呼一个仆役。那人默默地在他们前面引路,举着火把。

"皇帝很喜欢《费加罗的婚礼》。"塞内克斯说,"懂音乐的内行们也认为该剧是一部杰作,就像洛伦佐·达·蓬特在他的回忆录里说的那样。但莫扎特在维也纳受到的欢迎远远不如在布拉格那么热烈——那是次年的事,他在布拉格又演了一场《费加罗的婚礼》,虽然这次他只是以指挥的身份受到雇用。这次的成功毋庸置疑,以至于莫扎特说:'我的布拉格人理解我!'经理人又委托他写一部新歌剧——又是一桩幸事,我们因此有了《唐·璜》。错了,斯特凡,向右拐!"

塞内克斯指着一座黑暗之中几乎看不清楚的建筑。

他们推开门走进去,明亮的电灯光马上包围了他们——又到旅舍了,他们在柜台上找到了房间钥匙。

第八晚

莫扎特的故事

洛可可时代的世界级音乐天才

由父亲推出的神童

吃过晚饭，塞内克斯建议："我很想再给你们讲一点莫扎特的事，不过只讲他生活中最重要的。他是一个音乐神童，从小就被父亲拖着到处表演，走遍了欧洲。在父亲的教导和带领下，早早地就对成功习以为常了。六岁时，他和姐姐在维也纳的宫廷里演奏羽管键琴，又在一次历时三年的旅行中到过德国很多城市，也去了巴黎和伦敦。十三岁时，萨尔茨堡大主教任命他做首席小提琴手，同年他又去了意大利。你们都知道，莫扎特移居到维也纳，成了第一个完全独立的重要作曲家。1782 年，他与康斯坦策·韦伯结婚，也许你们读过关于他俩的事，或者看过众多关于莫扎特的电影中的某一部。歌德回忆过那男孩儿的一次音乐会，回忆起那个'戴着假发、佩着剑的小人儿'——是他父亲把他打扮成这个样子的。我们先说说他的歌剧。在阐释剧本方面，莫扎特赋予了音乐一种前所未有的表现力,并把终曲提高到了戏剧性的高度。他的《魔笛》是世界上演出最频繁的歌剧。尽管成就斐然,莫扎特一生都拮据贫困,并且体弱多病;他总是缺钱,不得不一再求他的资助人借钱给他;他甚至想典当家具,只是没来得及——这个我们都知道。但对莫扎特来说更糟糕的是,1790年歌剧《女人皆如此》首演后不久,皇帝驾崩,莫扎特失去了资助人。这部歌剧停演了,此后其他的舞台作品在他的有生之年也没再演出过。莫扎特死于 1791 年。"

"您为什么只提歌剧?莫扎特的作品比这可多得多啊!"

"他在短短三十五年的生涯里创作了大量作品。路德维希·克歇尔[①]编的全集目录中列出了六百二十六部作品,奏鸣曲、三重奏、四重奏、五重奏、协奏曲、嬉游曲、舞曲、小夜曲、交响曲、咏叹调、歌曲、歌剧——部部都是杰作。莫扎特对那个时代的所有音乐潮流以及前辈大师进行了消化吸收,包括约翰·塞巴斯蒂安·巴赫,莫扎特研究了他的《平均律钢琴曲集》。莫扎特的音乐具有无比丰富的旋律,形式与内容结合完美而均衡,织体通透,音响感受细腻,他的高度再也不曾有人达到过。"

塞内克斯站起来,走到餐台边,给自己拿了一瓶瓦豪[②]红葡萄酒。

[①] 路德维希·克歇尔(Ludwig Köchel,1800—1877),奥地利音乐家、植物学家和出版商,因编目莫扎特作品而闻名。
[②] 瓦豪是多瑙河位于下奥地利的一个河谷地区,盛产葡萄酒,文化历史悠久。

音乐像呼吸一样自然

斯特凡从塞内克斯手里拿下酒瓶，把开瓶器钻拧进软木塞里，把它拔下来，又给塞内克斯斟满一杯酒。

"谢谢！"

贝蕾妮克略略倾身在桌上，好离塞内克斯更近些。"唐·璜的形象成了追逐女性的登徒子、肆无忌惮的诱拐者的象征，莫扎特是从哪儿得来这一素材的呢？"

"这一题材在西班牙文学中时隐时现，已经存在了很久了。达·蓬特采用了它，而且受到了皇帝的喜爱，这又称得上是一件幸事。莫扎特见到它也是兴奋不已，但时间紧迫，他直到首演前几个小时才创作了序曲——那是一段完美地预示了全剧的悲剧和喜剧因素的音乐。莫扎特可以视谱演奏任何音乐，因为他非常熟悉特定的音符组合，可以把它们看成一个音符。"

"就像常看书的人可以一目十行那样。"

"据说，音乐对他来说就像呼吸一样自然。他自己说：'我整天就是和它打交道。'他的妻子康斯坦策写到，他也会拿其他东西，如帽子、包、表带、椅子什么的当钢琴弹；有时候，他一边听另一出歌剧的演出，一边继续无声地作曲。他总是随身带着乐谱。在布拉格，他写下了《唐·璜》的第二个终曲中的定音鼓和小号声部，写的时候根本没用其他乐器声部的总谱——全部音乐都在他的脑子里呢。首演已经一拖再拖，现在，总谱总算赶在演出开始前到了乐队手中，谱纸上的墨迹还没有干，这样，演出等于没有经过排练,乐队直接视谱演奏。布拉格人立刻就意识到他们听到的非同小可。你们一定还记得启蒙运动时期的记者,尤其是批评的出现吧——当时,《维也纳邮政总报》做了评论,大意是,行家和音乐家都认为,布拉格还从未上演过堪与这出歌剧相提并论的东西;其他报纸也表达了同样的兴奋。洛伦佐·达·蓬特在他的回忆录里提到了这次首演——这是一份音乐史和戏剧史的重要文献,我把它带来了。"

塞内克斯从上衣口袋里掏出两张纸,摊开在桌子上。"《唐·璜》在布拉格的首演我没有看到,但莫扎特立刻就把演出获得的巨大成功告诉了我。瓜尔达索尼写道:"达·蓬特万岁,莫扎特万岁!所有的、所有的艺术家都该赞美他们。只要他们两人还活着,人们就不会见到戏剧陷入窘境的情况。"皇帝把我召去,用他那种特有的和蔼态度对我大加赞扬。又送了我一百个采希纳[①],并说,他简直等不及要看《唐·璜》。莫扎特回来后立即把总谱交给了抄写员,后者则赶着把各声部的谱子抄出来,因为皇帝马上就要出征土耳其。《唐·璜》上演了,但人们不喜欢它;除了莫扎特,所有的人都认为它缺了点什么。于是又加了些东西,调换了咏叹调的位置,重新演出,可人们还是不喜欢它。皇帝怎么说呢?——"这出歌剧气势恢宏,也许比《费加罗的婚礼》还美,但它不对我这维也纳人的口味。"我把这话讲给莫扎特听,可他面不改色,答曰:"那我们就给他们些时间,让他们

---

① 杜卡特的别称。

好好品品滋味。"——他说的没错。我根据他的意思,让这出歌剧反复上演,每演一次,它受到的欢迎就多一些。渐渐地,维也纳那些味觉比较迟钝的先生品出了《唐·璜》的滋味,理解了它的美,给了它应有的地位。从此,它被看作史上最美的歌剧之一。'达·蓬特的话,我们就听这么多吧。"

声音阐释意义

塞内克斯把两张纸又揣了起来。"后来,罗西尼把《唐·璜》称为所有歌剧中最伟大的一部;它也给歌德留下了极深的印象,以至他在给席勒的信中说,可惜莫扎特活得太短了,没能给《浮士德》谱曲。直到今天,人们对《唐·璜》依然赞叹不已。"

"有一件事我想了很久。"罗曼说,"不仅与莫扎特有关,也涉及贝多芬和舒伯特,在某种意义上也与巴赫有关,肯定还有很多我没说到的人——这些天才总是处在拮据的经济状况中,而假如他们活在今天,会是世界上最富有的人。我读到过,若是在今天,莫扎特单靠版税就足以买下整个奥地利,可他最终被埋在穷人的墓地里。"

"所有人都自然而然地把前辈留下的财富看作礼物,但我们应该用它们来鼓励现在的年轻艺术家。莫扎特创作歌剧得到的报酬很一般,通常只有一百杜卡特。歌剧《唐·璜》使他得到了二百二十五杜卡特,今天上演该剧可获得好几百万。莫扎特不会理财，他的妻子康斯坦策就更不要提了。莫扎特把钱都用在日常开支上，要花钱买乐子，要买漂亮衣服穿，还要满足前来请求帮忙的朋友的愿望。他欠的债远远超过了收入，只好写些可怜巴巴的求援信。此外，他还身患重病。1790 年 8 月，他写道：'今天我的情形糟透了，整夜疼得睡不着……您为我设身处地地想想吧——病歪歪的，还得操心……您就不能恩惠我几个子儿吗？眼下无论什么对我都是帮助。'就这样，这位音乐史上最伟大的天才得到了十个古尔登。"

"这么说，他不是被竞争对手萨列里或那些共济会成员下毒害死的了？"

"这些说法全都证据不足。他很可能有肾功能不全的问题，但我也要说一说他精神上的痛苦。心理学家认为，莫扎特虽然对自己的能力深信不疑，但从根本上来说他不爱自己，而且渴望得到爱。他非凡的音乐表现力有可能是受着对爱和好感的追求的驱使。"

斯特凡向上推了推眼镜，他开口的时候像是在自言自语："谁知道渴望会给一个人带来什么样的影响呢——不管是积极的还是消极的！"

贝蕾妮克惊奇地看了他一眼，现出若有所思的样子。

罗曼转向塞内克斯："'共济会'这个词让我想起了《魔笛》。"

"从意义上来说，《魔笛》也是启蒙运动的产物，因为最早的共济会分会就是那时候成立的。维也纳的一些重要人物，包括官员、商人和艺术家，纷纷加入共济会。莫扎特本人就是分会成员，在他的引荐下，他的父亲也进了分会。歌剧第二幕中僧侣上场时的唱词就表达了共济会重新建立基督教兄弟之爱的要求。这就是共济会式的音乐，大祭司的咏叹调《这座圣殿里没有仇恨》也是这样。剧院领导兼歌词作者伊曼纽尔·席卡内德把《魔笛》的场景布置得极为豪华，有富丽的装饰和服装，还有火、瀑布、野兽、飞行的气球（你们还记得蒙戈尔菲耶气球吧），舞台效果一流，维也纳剧院的票几乎总是一抢而光。莫扎特最后一部歌剧在他死后成了他最伟大的歌剧，在世界各地受到广泛的欢迎。歌德也把它列在1794年魏玛的演出剧目上，《时尚日报》报道了它获得的巨大成功：'此剧已经上演若干年了，一直盛演不衰，就像萨满教的魔鼓，总能把远处的观众吸引来，装满剧院的钱箱；这也包括那些简易的小剧场，演出时不过是几个歌手、几把提琴、一块幕布、六个布景而已。'"

天才是怎么来的？

罗曼向后一靠，把手插进兜里，伸长腿，眉头一皱，道："我想，莫扎特的音乐永远不会过时。"

塞内克斯呷了一口葡萄酒："丹麦的宗教哲学家索伦·克尔恺郭尔曾想建立一个教派，不仅把莫扎特置于至高无上的地位，而且根本就不容其他人。汉斯·维尔纳·亨策[①]称莫扎特是下凡的阿波罗神。还有阿尔弗雷德·爱因斯坦（注意，不是阿尔伯特·爱因斯坦），德国一位有名的音乐学家，说莫扎特是一个伟大的人，是一种独特生物的例证——肉体与精神、兽与神的结合体。"

罗曼继续刨根问底："这我就要问一个大问题了，尤其是逛了进化公园，我就更忍不住要问：人类在发展了数十万年后，是怎么产生了这么一位绝无仅有的天才的呢？"

"可以肯定的是，特定的条件结合在一起造就了这个天才，而这种结合是极为罕见的。"塞内克斯喃喃说道，"首先是遗传来的天赋，再加上那孩子的好胜心、父亲的督促、社会上普遍的兴趣、时代的趣味与莫扎特独特才赋的吻合。没人能解答这个问题，但我们可以记下，进化是可以造就出极端情况的，人类大概不能达到更高的程度了。"

"您是说，莫扎特的父亲也有一份功劳吗？"

"那时候家境较好的德国家庭里的每个孩子都要学一样乐器，莫扎特的父亲列奥波德·莫扎特也坚持这一点。莫扎特的姐姐十一岁时就已经是演奏羽管键琴的高手了，莫扎特三岁时就能弹出和弦，四岁时就能凭记忆演奏曲子，五岁即能作曲，他一边弹，父亲一边记谱。列奥波德没有把莫扎特送进学校，以至于后来他对没受过良好的普遍教育耿耿于怀——父亲没有给他这个时

[①] 汉斯·维尔纳·亨策（Hans Werner Henze，1926—2012），德国最重要的当代作曲家之一，长期在意大利生活。

间。列奥波德不太关心其他艺术门类和文学，但对于这个孩子的天才来说，任何经历都是某种教育。"

"难道不总是这样吗？"

"大概是吧。孩提时的莫扎特会一连几小时坐在钢琴前，没人阻止他的话，他就会一直坐下去。列奥波德是个毫不留情的老师，在对位、通奏低音和作曲方面对儿子进行了严格的训练。"

"请您再说说进化的问题。"

"我们永远也无法探明究竟哪些因素组合在一起会唤醒一个人潜在的种种可能性。决定天才的不是人，甚至不是人格，而是人身上等待被利用的那些可能性。"

"就像一只行将跃起的猫！"

"还有偶然！在莫扎特所处的时代，儿童夭折的比例还是非常高的。莫扎特自己有六个孩子，但只有两个活到了成年。"

"您是想说，他本人没有在很小的时候就夭折，这其实是个偶然，或者说是个奇迹。"

"当然。"

"那该有多少人在自己的潜能还没发挥出来之前就死了啊！"贝蕾妮克思考着，"我这个微不足道的人能够存在，也是偶然又偶然的结果，那我对此要加倍地感激了。"

"我也很高兴有你这么个人。"斯特凡哑着嗓子说。

罗曼咬住了下唇。

塞内克斯微笑起来："明天，我们又要去另一个地方了！"